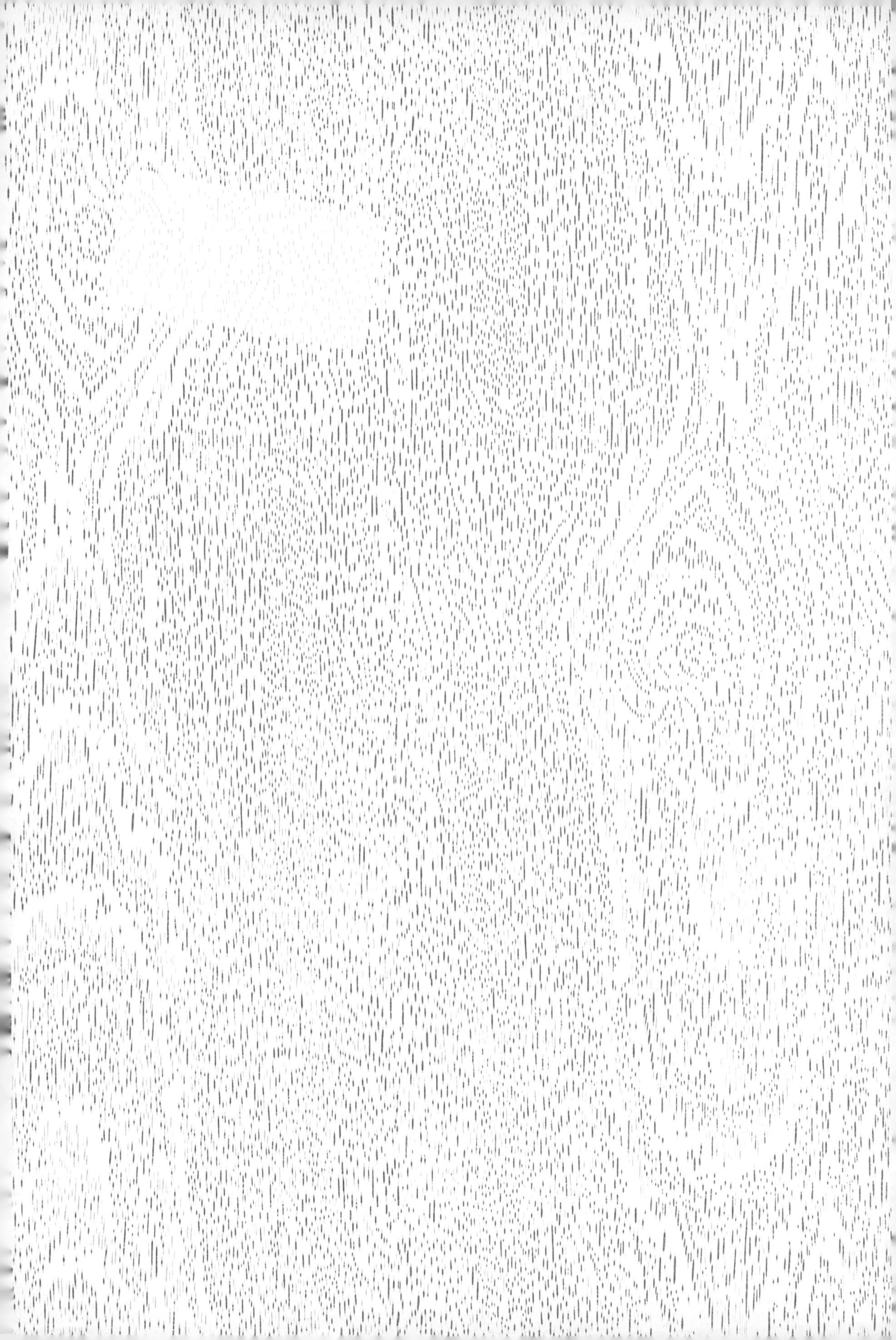

《广州改革开放四十年》丛书

丛书主编　徐咏虹

大国之城的时代使命

李桂文　主编

广州新华出版发行集团
广州出版社

图书在版编目（CIP）数据

大国之城的时代使命 / 李桂文主编. —广州：广州出版社，2018.12

（《广州改革开放四十年》丛书 / 徐咏虹主编）

ISBN 978-7-5462-2860-0

Ⅰ. ①大…　Ⅱ. ①李…　Ⅲ. ①改革开放—成就—广州 Ⅳ. ①D619.651

中国版本图书馆CIP数据核字（2018）第288403号

书　　名　大国之城的时代使命
　　　　　Daguozhicheng de Shidai Shiming
出版发行　广州出版社
　　　　　（地址：广州市天河区天润路 87 号 9 楼、10 楼　邮政编码：510635
　　　　　网址：www.gzcbs.com.cn）
责任编辑　李素娟
责任校对　刘雅丽
封面设计　舒　巧
印刷单位　佛山市华禹彩印有限公司
　　　　　（地址：佛山市南海区罗村联和工业区西二区三路 1-1 号　邮政编码：528226）
规　　格　787 毫米 ×1092 毫米　16 开
字　　数　225 千
印　　张　16.75
版　　次　2018 年 12 月第 1 版
印　　次　2018 年 12 月第 1 次
书　　号　ISBN 978-7-5462-2860-0
定　　价　48.00 元

《广州改革开放四十年》丛书

编委会

《大国之城的时代使命》
编委会

主　编：李桂文

副主编：李　龙　赵　义

编　委：（按姓氏笔画排序）

文　芳　李少威　谭保罗

撰　稿：（按姓氏笔画排序）

李佳玲　杨　露　何　焰　何子维

何蕴琪　陈可珺　林宛霖　荣智慧

胡万程　董可馨　覃爱玲　蒙洁华

谭秋明　魏含聿

总 序

四十而不惑。置身历史的长河，改革开放自1978年开始，走过了40年的风风雨雨，值得庆祝，值得铭记。

40年改革开放绘就壮美长卷。中国人民自力更生、发愤图强、砥砺前行，依靠自己的辛勤和汗水书写了国家和民族发展的壮丽史诗。对中国而言，这40年不仅是一个时间概念，更是一段非凡历程，正是这40年的发展让中国富了起来，并不断强起来。40年来，我们党团结带领全国各族人民，从“摸着石头过河”到建立社会主义市场经济体制，从由下而上的基层试点改革到自上而下全面深化改革，从打开国门实施开放政策到张开怀抱自信拥抱世界，从积极吸引外资“引进来”到主动到境外投资“走出去”，从加入世界贸易组织到共建“一带一路”，从聚精会神搞国内建设到为世界发展贡献中国方案，成功走出了一条中国特色社会主义发展道路。改革开放使中国走向了世界，正日益走近世界舞台的中央。改革开放的中国实践是21世纪马克思主义在中国焕发出勃勃生机和无限生命力的生动写照。

改革开放不仅深刻改变了中国，也深刻影响了世界。40年的改革开放，不仅发展了中国，也造福了世界和全人类。特别是党的十八大以来，以习近平同志为核心的党中央统筹推进“五位一体”总体布局，协调推进“四个全面”战略布局，着力提高国家治理体系现代化能力和水平，形成了习近平新时代中国特色社会主义思想，指引着中国坚定前行。面对世界格局的深刻变化，中国坚定笃行经济全球化大道，以大国情怀与担当提出构建人类命运共同体的理念，发出“一带一路”倡议，主动为各国搭乘中国发展“快车”提供便利和条件，改革的决心从未动摇。开放已经成为当代中国的鲜明标识。中国开放的大门不会关闭，只会越开越大！

春江水暖鸭先知。在中国改革开放发展的历史进程中，广州是一座具有特殊重要地位的城市。作为一座因海而生、向海而兴的千年商都和有着2200多年建城史的国家中心城市和国际大都市，广州的历史文化脉络、商业发展盛景、改革开放成就在全球城市发展史上独树一帜，占有一席之地。40年来，面临改革大潮，广州人坚持做改革的弄潮儿，有着强烈的历史担当精神。广州坚定传承改革开放的历史基因，大力发扬敢为人先、敢闯敢试的精神，以“杀出一条血路”的胆识与魄力，在诸多领域开创了可资全国借鉴的先行经验，从改革开放初期率先进行价格闯关，推进流通体制改革，鼓励非公企业生产发展，到20世纪80年代依托广州开发区建设推动外向型经济发展，再到近年来建设南沙自贸区以点带面构建全面开放新格局，广州的创新探索实践始终走在全国前列，始终引领着改革开放的发展步伐。

一滴水能反映出太阳的光辉，一个城市可以体现一个国家的风貌。进入新时代，全球经济不确定因素增加，国内经济呈现新的发展态势，发展机遇和挑战并存。广州坚持把学懂弄通做实习近平新时代中国特色社会主义思想作为第一要务，源源不断地从新思想中汲取真理力量和实践智慧，坚定践行新发展理念，积极适应引领经济发展新常态，在不断深化的改革开放实践中破解发展难题，推动经济由高速增长向高质量发展转换，通过扎实推进创新驱动发展战略，培育新的动力源和增长极，保持经济发展“换挡不失速”。40年间，广州经济总量从1978年的43亿元跃升到2017年的21503亿元，人均地区生产总值从1978年不足1000元提升到2017年突破15万元（按平均汇率折算为22317美元），接近发达国家水平。与此同时，广州坚持以先进制造业为产业主攻方向，高标准高起点高质量谋划产业结构优化升级，构建起以IAB（新一代信息技术、人工智能、生物科技）、NEM（新能源、新材料）为主导的现代产业体系，将改善政治生态环境、提升城市环境与优化营商环境有机结合、同步推进，推动全球最高端资源要素向广州集聚，持续优化的经济结构和开放的发展环境为广州未来积极健康稳定发展奠定了良好的基础，为新时代广州改革开放发展积蓄了强大势能，创造了巨大空间。广州这座老城市，越来越充满新活力。

惟改革者进，惟创新者强，惟改革创新者胜。站在新时代新起点上，我们始终谨记：改革开放是决定当代中国命运的关键一招，也是决定实现“两个一百年”奋斗目标、实现中华民族伟大复兴的关键一招。正是在这个意义上，隆重庆祝改革开放40周年，更具有重大的历史意义和现实意义。当今的世界，你中有我，我中有你，经济全球化大潮浩浩荡荡、不可阻挡。改革开放40年的经验启示我们，中国发展离不开世界，世界发展也需要中国。只要我们保持战略定力，全面深化改革开放，深化供给侧结构性改革，下大气力解决存在的突出矛盾和问题，中国经济就一定能加快转入高质量发展轨道，中国人民就一定能战胜前进道路上的一切困难挑战，中国就一定能迎来更加光明的发展前景。中国改革开放永不停步！下一个40年的中国，定当有让世界刮目相看的新成就！

党的十八大以来，习近平总书记两次亲临广东考察并发表重要讲话，多次对广东、广州工作作出重要指示批示，对广州发展寄予厚望。面对新征程，广州要保持走在全国前列，最根本的是要继续弘扬改革开放精神，推动思想再解放、改革再深入、工作再落实。为认真学习贯彻习近平总书记重要讲话精神，总结改革开放40年来的经验，乘势而上，在新起点上推动改革开放实现新突破，中共广州市委宣传部策划出版本套丛书，以回溯历史的形式重读历史，不仅是对广州改革开放40年历程经验的一个简单回顾总结，更是为了以问题为导向，深刻认识新形势下改革开放的时代性、体系性、全局性，高举新时代改革开放旗帜，不忘改革开放初心，坚定改革再出发、将改革开放进行到底的决心，凝心聚力，接续奋斗，激励广州在更高起点、更高层次、更高水平上推进改革开放，用新业绩抒写新时代改革开放恢宏的画卷。

祝愿每一位读者都能从品读广州改革开放40年的历史中获取源源不断的奋斗激情和前进动力。

是为序。

丛书编委会

2018年11月10日

前言

党的十八大以来，中国经济取得了举世瞩目的成就。同时，城市发展也跃升了一个台阶，北京、上海、广州、深圳等一线城市已经成为全球性的资源配置中心。

党的十九大以来，中国经济转型加速，对城市发展提出了新的要求。此外，国际贸易博弈也走上前台。在这个特殊时点，面对新的时代大潮，中国城市未来的使命是什么？

在某种意义上讲，国际竞争的维度有很多，有军备竞争，有制度竞争，还有经济竞争等。在21世纪，经济竞争早已成为国际竞争的主流，它是国际竞争中负外部性最低、正外部性最高的竞争模式。

就经济竞争而言，企业竞争曾被认为是唯一的模式。但在今天，情况发生了变化，城市竞争开始走到舞台中央。

如果说企业是生产要素无形的制度载体，那么城市则是生产要素有形的空间载体。而且，城市除了经济意义之外，还涵盖着科技和文化等内涵，它已超越了经济的范畴。因此，一线城市的实力已成为一个国家底蕴、实力和后劲最全面的指标。在这个意义上讲，一线城市必然成为下一轮国际竞争中国家队的“主力军”。

广州作为中国重要中心城市，在中国改革开放的历史进程中，有着自己的时代使命和历史担当。今天，在和平合作、开放融通、变革创新三大潮流滚滚向前的世界发展格局中，广州的时代责任和城市使命已经越发明晰，即代表中国参与经济、科技、文化等方面的新一轮国际竞争。

如何在竞争中取胜？首先，作为中国最具“对外通商”传统的一线城市，广州必须以开放的姿态来迎接新一轮的国际化大潮。开放是广州的特质，更是广州代表国家参与未来国际竞争的战略凭借。

第一，开放促进改革。改革与开放，两者是不可分离且有机统一的中国崛起的整体方法论。

在改革开放初期，中国主要面临存量资本不足的问题，需要通过开放来引入外资。随着这些外资在中国投资的不断深化，于是便形成了严重的技术、人才外溢局面。然后，这种外溢又推动了民营、国有经济的发展。

同时，各类经济主体的崛起，又有效地倒逼政府在公共服务等方面的改革。公共服务的改革，反过来又不断推动经济的发展，从而形成一个良性的循环。换言之，改革与开放，两者缺一不可。

第二，开放事关稳定。对于一个早已融入全球经济的现代化大国，开放不但不危及稳定，反倒是经济发展、社会稳定的重要推动力。

在金融领域，金融体系稳定的基石之一是本币币值。人民币最重要的发行基础固然是中国的国家信用，但中国可贸易部门（以制造业为主）创造的外汇储备，目前也在一定程度上成为人民币发行的发行准备。因此，坚持开放，继续融入全球经济，这对国家金融稳定至关重要。

另一种关于稳定的意义，更毋庸置疑。从中国加入WTO（世界贸易组织）开始，可贸易部门创造的就业机会长期吸纳着中国的亿万青壮年劳动力。国家的开放、国际贸易环境的友好，给了他们美好生活的可能性。

第三，开放才能进步。对中国经济来说，现在最重要的进步已经不是体量和速度，而是质量和技术。只有开放，才能促进质量提高和技术进步。

在海外市场，只有让企业参与国际竞争，和外国企业短兵相接，才能杀出一条血路，推动产品质量的提高与技术的进步。这是一种脱离本国市场保护的“倒逼机制”，它也是促进一个国家技术进步最有效的灵丹妙药。中国的通信设备、IT零部件，为何有国际竞争力？因为它们一开始就参与了国际竞争。

在国内市场，允许外国资本进入则可以形成鲶鱼效应，倒逼很多行业进步。与此同时，一个经济体如果能够长期保持对外资的友好态度，便可以让外资企业吃下定心丸，让它们安心进行长期投资，而这些长期投资必然在未来形成新一轮的技术外溢。

开放，是大国的自信与责任，也是大国之城的使命和担当。

城市是大国经济的空间载体，按照2017年的统计数据，北京、上海、广州、深圳四座一线城市的个税收入已占据全国个税总收入的四成。人都是逐利的动物，个税是观察城市经济的极好角度。个税的体量，一定程度说明了城市对资源要素的集聚能力。那么，在这个意义上讲，一线城市可以说集聚着中国最好的人才，以及其他资源要素，比如资金。

资源要素在空间上的集聚，是大国经济进一步升级的必然途径。在任何地方，唯有在高质量的资源要素集聚之后，才能营造创新的土壤。因为，在资源要素富集的地方，创新的成本最低，成功的可能性也最大。因此，可以说一线城市的未来将是大国经济最好的观测指标。

但是，一线城市的高房价也可能抑制创新。广州在一线城市之中，成功地抑制了高房价，为城市实体经济的发展和创新要素的集聚提供了空间。合理的营商成本，良性的创新环境，这是城市通过开放集聚创新要素的前提。

近年来，广州对外开放方面凸显出两大特征：

一是全球城市品牌的打造。近年来，广州成为达沃斯论坛的“常客”，并成功举办2017年广州《财富》全球论坛，不断向全球政、商、学界精英释放广州要发展实体经济和扩大开放的信号。

与此同时，不断改革公共服务、降低外资和国内资本进入的“制度损耗”，打造高端要素集聚的成本洼地和投资高地，让广州再次回到了中国对外开放的最前沿。

二是大项目积蓄经济动能。在全球市场和国内市场愈发扁平的时代，大项目、大企业将越来越成为技术创新的主力军，它们拥有最低的成本、最好的人才和最前沿的技术。对城市而言，得大项目者得城市经济的未来。

大项目还是中小企业集群崛起的基础设施。通过对IT、生物制药等领域大项目的引进，广州补上了这些领域的“产业短板”，为城市经济的发展集聚了动能。可以说，作为传统工业大城和商贸之都的广州，终于再次站在了产业潮流的前沿。

广州的开放，正在不断获得全球性的肯定。近几年来，广州在各种城市排行中地位不断上升。在全球化与世界级城市研究小组与网络（GaWC）公布的世界城市体系排名中，广州已经位列第40，并首次被纳入“Alpha”（一线）类城市序列，这意味着广州首次进入世界一线城市行列。

此外，广州在全球权威的城市排行，比如“全球金融中心指数”、科尔尼公司“全球潜力城市指数”等“全球城市英雄榜”上的排名都有飞跃性提升。

在多个权威的全球性榜单上出现大幅度排名上升，这背后是全球政商精英对广州近年来公共治理、经济发展的一种肯定。当然，更意味着广州在全球舞台上的无限可能性。

首先，权威排名是对广州城市品牌的一种国际化的信用认可，品牌效应长期有效，这将极大地降低广州和全球对话的成本，更进一步提升广州新一轮改革开放的效率。

其次，城市品牌与跨国公司的“城市情怀”不谋而合，这会衍生出一种资源要素的强大吸附机制。在生产要素流动，尤其是金融资源流动全球化，跨国巨头疯狂追逐理想投资地的时代，广州将搭上以跨国巨头为发动机的新一轮全球化快车。

更重要的是，城市品牌的背后是“城市信用”，广州的“城市信用”更将汇聚为“国家信用”。作为日益崛起的国际化大都市，在中国新一轮引进外资、扩大对外开放、夯实人民币币值基础等国家性经济议题上，广州将扮演越来越重要的角色。

这是广州的使命和担当。

编者

2018年11月

目　录

第一辑

广州新定位

全球精英应携手应对全球化之变

专家简介

穆瑞澜（Alan Murray），美国时代公司首席内容官兼《财富》杂志总裁。曾任《华尔街日报》的副总编和网络版执行主编。2014年8月，穆瑞澜离开了皮尤研究中心总裁的岗位，成为《财富》杂志的第17任总裁。

导 读

我们正处于全球化面临某些狭隘价值挑战的时代，毫无疑问，在这个时点，具备开放化、专业化、市场化、国际化特质的广州正是我们举办本届《财富》全球论坛的理想之城，这座城市无可挑剔。

广州不仅一直作为中国改革开放的窗口，而且它是一个非常诗意和宜居的城市。这种诗意和宜居，不仅培育了无数的科研机构，还滋养了大批年轻学子和专家，这是城市的优势。而且，广州还有令人魂牵梦萦的美食。

作为影响世界经济新思维的重要平台，《财富》全球论坛已经四次登陆中国。2017年，《财富》全球论坛以“开放与创新：构建经济新格局”为主题在中国广州举办，全世界的目光再次聚焦于这座千年商都和中国日益崛起的枢纽型网络城市。

面对全球化的新形势，以及科技革新的日新月异，全球企业界领袖们将如何锐意进取，引领世界经济蓬勃发展？论坛为什么再次选择在中国，选择在广州举办？为此，《南风窗》记者专访了美国时代公司首席内容官兼《财富》杂志总裁穆瑞澜。穆瑞澜作为全球财经媒体界的大咖级人物，其观点颇具价值，而又不失幽默个性。那么，他眼中的全球化，以及中国和广州的故事又是什么样的？

繁荣之下的风险

南风窗：在广州举办的《财富》全球论坛将聚焦“全球化”和“数字化”两大趋势。为什么会关注这两大趋势？您认为这两大趋势会如何改变全球商业的面貌？

穆瑞澜：过去，全球化和数字化为全球经济增长提供了强劲的动力，许多人也因此摆脱了贫困。然而在某些方面，全球化和数字化带来的改变才刚刚开始，我们必须洞见它的未来。对全球经济界来说，新一轮的数字化浪潮和技术性革命，将会继续产生巨大的现实效益。

比如，通过强大的智能机器对收集的大数据进行分析，可以大幅度提升我们对数据世界的认知和分析水平。在这一基础上，更先进的智能机器人、纳米机器人将不断涌现，也许解开基因组的秘密也不再遥远。

另外，必须注意的是，数字化又将会推动全球化，它让信息的流动变得更加富有效率，世界各地的人们都能够受益于这项技术，最终形成一种全球智力的激荡，推动很多领域技术进一步变革。

南风窗：国际货币基金组织（IMF）预计，从2017年到2021年，全球经济将会以年均3.65%的速度增长。2017年10月，它将预测微幅提升至3.7%。这一微调，意味着全球经济出现了巨大的乐观前景。然而，全球生产率增长放缓、政治方面的不确定性等问题，都对全球经济增长构成威胁。您认为应该如何破除威胁，增进繁荣？政府和企业界各有什么需要做的？

穆瑞澜：生产率增长的放缓是一个谜。我相信，接下来的技术性变革将会改变这一现状，但仍有待观察。从政治的层面来看，不确定性所构成对经济增长的威胁，会使任何变革都可能举步维艰，但变革又是必须的。

现在，很多人都认识到，这个世界可能正在被分割为一个个竞争、孤立的阵营。如果任由这种局面发展，将可能危及全球经济的未来。那么，我们应该做点什么？

面对日益凸显的不确定性，我们只能寄希望于这个世界的政商领导人们更加富有智慧，并且善于谋划，通过施展他们卓越的领导力来带领这个时代免于陷入破坏性冲突的泥潭里。

南风窗：过去，全球130多个国家和地区融入全球化，融入者的经济增长速度都加快了，包括中国。但有一种观点越发普遍，即全球化也导致了不公。全球化应该如何面对这一问题?

穆瑞澜：是的。那些错过了全球化和数字化浪潮的人们，的确会产生焦虑感、挫败感，而这正是我们所有人必须携手一起努力解决的问题。麦肯锡全球研究院最近发布的一份报告显示，到2030年，全球范围内大约有4亿至8亿人会因自动化而失业，其中包括1亿中国人。

当然，在这个过程中会产生新的职业，但是对于受此冲击的中级职业者而言，他们面临再培训的压力将会大得史无前例。这个现象不容忽视，必将成为每个国家的头等大事。必须要做点什么，否则，反对全球化和数字化的声音将会进一步扩大。

中西方的商业碰撞

南风窗：中国和西方有着不同的政治体制，但这并没有影响中国经济，特别是入选世界500强的中国企业的崛起。您认为入选世界500强的中国企业为什么会崛起？今后，它们可能会面临什么挑战?

穆瑞澜：在西方，我们一直认为经济自由和政治自由是齐头并进的，民营企业终将跑赢国有企业。但回顾过去20年，中国经济的崛起，对这两种观点都发起了“挑战”。

然而，随着创新要素对中国经济增长的影响越发显著，你们应该已经观察到了：相较而言，民营企业的确更富有创新精神，而国有企业需要改革的呼声也在不断高涨。记住，无论如何，创新是思想的力量自由碰撞的产物。

南风窗：您曾指出，在过去的30多年里，以中国为首的发展中国家从全球化中获得了很大的红利，而当前欧美地区出现了一些反全球化的趋势。您认为，中国那些旨在全球扩张的世界500强企业，应该如何应对这种趋势？

穆瑞澜：从入选世界500强的中国公司来看，多数公司获得的收益主要还是集中于中国本土市场。当然，也有像华为、联想这样的公司，海外的收益占据着较大比重。但是它们是例外，并非整体情况。

在我看来，产生这种结果的部分原因是中国市场巨大，且增速强劲，使这些中国的公司无须过于关注海外市场的运营。但如果要在陌生的市场争夺份额，无论是中方还是西方的企业，那才是真正的终极考验。而且，就目前来看，这种考验已经频繁出现了，中国企业必须未雨绸缪，做好应对的准备。

南风窗：世界500强企业多数都位于大城市，中国也不例外。但中国一些大城市的房价不断走高，企业办公室的租金也在飙升。您认为这是个问题吗？地方政府需要控制地租价格来留住企业吗？

穆瑞澜：城市是创新和创业的空间载体，与此同时，城市的发展也必然面临复杂的社会问题。现在，世界上其他很多城市都执行了租金管制政策，但我不推荐中国使用。我觉得这是一种冒险，至少我本人如果是决策者，我是不会冒这样的风险，因为这种政策经常会带来意想不到的影响。但总的来说，我坚信，使一座城市良好地运转，为企业提供最好的营商环境，这是未来几十年内中国乃至全世界所有有着雄心和远见的城市都要面临的重大挑战。

南风窗：2017年，最新的全球互联网公司市值排名中，前十位被中国占了三个，包括阿里巴巴、腾讯等。根据您对中国互联网企业的观察，您认为中国互联网企业崛起的原因是什么？现在，它们正在走出国门，包括开拓美国市场。未来，它们会不会和美国同行发生正面的冲突？

穆瑞澜：是的，就市场的基本面而言，中国现在基本上彻底跨越了个人电脑（台式机和笔记本）时代，对很多人而言，一步到位地进入了智能手机时代。这样的跨越使腾讯、阿里巴巴这样的公司在一些领域更易于赢在起跑线上。从某种程度上来看，尽管目前中国市场的蛋糕似乎足够巨大，足够让这些公司可以持续占有、享用，但我依然相信，在美国科技和互联网行业的对手面前，这些中国公司遭遇的竞争压力依然不小，它们必须谨慎应对。

诗意、宜居的广州

南风窗：《财富》全球论坛曾经在中国其他四座城市举办，1999年在上海、2001年在香港、2005年在北京、2013年在成都。和这些城市相比，您认为广州这座城市的特点是什么？是什么吸引了《财富》全球论坛在广州举办？

穆瑞澜：无论是从地理，还是从历史的维度上来看，广州作为中国南面一扇通往世界的大门、一块门户开放的高地，拥有特殊的地位和气质。比如广州的广交会已经举办了60年，这60年的历史就是广州扮演开放化、专业化、市场化、国际化的独特角色的见证。现在，我们正处于全球化面临某些狭隘价值挑战的时代，毫无疑问，在这个时点，具备以上特质的广州正是举办我们本届《财富》全球论坛的理想之城，这座城市无可挑剔。

此外，广州不仅一直作为中国改革开放的窗口，而且它是一个非常诗意和宜居的城市。这种诗意和宜居的环境培育了无数的科研机构，还滋养了大批年轻学子和专家，这是城市的优势。而且，我还可以告诉你，广州还有令人魂牵梦萦的美食。

我们应尽情拥抱这座城市，体会它不可复制的魅力：温暖湿润的气候，无与伦比的职业精英，自由开放的贸易环境，内联外通的交通枢纽地位。喔，我必须再次强调，还有令人垂涎欲滴的美食！

（何子维）

建设全球资源配置中心，广州大突围

/专家简介/

隆国强，国务院发展研究中心副主任、研究员；张国华，国家发改委城市中心综合交通规划院院长；张跃国，广州市社会科学院党组书记；倪鹏飞，中国社会科学院城市与竞争力研究中心主任；萨斯基娅·萨森，全球城市研究专家、美国哥伦比亚大学社会学系教授。

/导 读/

从近两年的外资投向来看，外资更青睐于战略性的高端产业，以及价值链高端的企业，包括信息技术、生物医药、人工智能等。我们现在已经过了依靠土地经济、劳动力来吸引外资的阶段。外资来到广州以后，可以形成产业集群和自我内生发展的生态圈，2018年以来这个趋势表现得特别明显。

广州这座拥有“千年商都”美誉的城市，改革开放初期，又因活跃的自由贸易而闻名全国，成为珠三角的资源配置中心。不过，广州的眼光没有仅仅停留在中国的一线城市上。随着枢纽型网络城市建设的稳步推进，打造全球资源配置中心这一目标，成为了广州在经济加速变革的时代背景下的自我觉醒。

全球资源配置中心是在全球范围内能够对资源用途、布局和流向进行整合、创新、决策、控制、分配和激活的城市中心。与过去一般的资源配置中心相比较，全球资源配置中心实现的是从参与国际市场到主导国际市场的转变、由集聚全球资源到配置全球资源的转变。

数据显示，2017年，广州地区生产总值突破2万亿元，经济总量与以色列相当，超过新加坡。人均地区生产总值达2万美元，迈入了世界高收入地区行列。全市常住人口达1400多万人，2016年人口增量居全国城市之首。广州从单一的中心城市迈向了巨型城市。从空间、交通、产业、城镇体系等维度来看，广州携领佛山、肇庆、清远、韶关等周边城市，已显示出巨型城市区域的特征。2016年，广佛都会区经济总量约2.8万亿元。

广州在传统制造业领域拥有巨大的“存量优势”。不过，对于要建设全球资源配置中心的广州来说，仅仅具有“存量优势”是远远不够的，要处理好产业的存量和增量的关系，则需要“吐故纳新”。现如今，在“一带一路”倡议的引领下，广州正在加快产业架构的升级。

具体来说，产业架构升级的一部分是对原来传统产业本身改造，抢占产业技术变革的高点，创造市场需求。但对于广州这样一个致力于打造全球资源配置中心的城市而言，不能仅仅专注于对传统产业本身的改造，更多的在于创造“新的增量”。

当下，广州已从依靠土地和劳动力等低成本要素驱动发展的阶段，逐步转向依靠科技创新、高端投资和制度文化驱动发展的阶段。产业已经从轻型工业体系转向综合产业体系，形成了电气机械、交通运输、批发零售、金融和商务服务等十个千亿级产业集群。2016年，广州平均每天诞生七家高新技术企业，全年净增高新技术企业2820家，增速居全国副省级以上城市首位。

此外，粤港澳大湾区世界级城市群正加速形成。粤港澳大湾区面积达5.6万平方千米，地区生产总值约1.5万亿美元，超过旧金山湾区。广州是粤港澳大湾区的核心城市之一，将在全国性战略的构建中担当重要角色。

广州的全球资源配置中心建设拥有良好的外部机遇，这个外部机遇来自全球化，来自国家战略部署，来自珠三角地区产业转型升级，也来自粤港澳大湾区的不断整合。为此，《南风窗》记者采访了多位国内外权威专家，从他们的观点来看，广州建设枢纽型网络城市的战略和打造全球资源配置中心的目标，两者是有机统一的。

区域产业转型的机遇

南风窗：现在，很多人认为“招商引资”过时了，广州在“招商引资”方面该如何更科学地规划？

倪鹏飞：有方向地招商引资是很有必要的。广州发展的定位上需要有一个升级，不能仅仅是制造业，应该向科技创造、科技制造方向努力。跨国公司愿意来广州投资，证明广州拥有它们所需的基础环境和产业集群。招商引资不一定要放在主城区，可以往周边区域发展。其次是要引入研发环节，在融资中选资，在选资中引导。

隆国强：作为全球资源配置中心，不能单打独斗，应发挥珠三角城市群的整体效应，并且深化粤港澳的合作。而广州城市布局就是以“辐射”和“统领”珠三角为战略思想，这也正是其优势所在。

国家战略定位的大势

南风窗：2018年是改革开放40周年，作为改革开放前沿地的广州，在经济、社会建设上取得了突出成果，国务院2016年的批复首次确立了广州为国家重要中心城市的地位。国家重要中心城市对城市的综合实力有着极高的要求，您认为广州何以站上国家重要中心城市的发展“风口”？

张跃国：国家重要中心城市，对于广州而言应该具有综合性的功能。原有的商贸中心、航运中心、物流中心等，加上新兴的科技创新中心，对于广州而言这些要素在结构上是互相支撑的。广州历来就是一个综合性、多功能门户型的城市，一个多中心的集成体。在发展战略上，广州提出建设“枢纽型网络城市”，全力推进国际航空、航运和科技创新三大枢纽的建设。这个战略，一方面立足于区位优势，另一方面则着眼于创新发展。

张国华：港口在全球资源配置中心的地位是在不断下降的，真正起决定作用的是机场。全球资源配置中心城市的地位与机场的网络枢纽地位是高度相关的，因为机场对应的是金融服务业的发展。所以对于建设全球资源配置中心而言，国际空运中心更加重要。

隆国强：打造全球资源配置中心要处理好现实性和前瞻性的关系。所谓现实性，当然要立足于我们今天现实的产业基础、人才优势等各种现实条件，不能脱离现实，它是一个不断升级的过程。而强调前瞻性是因为我们现在正面临着信息技术革命。因为，信息时代下的全球资源配置中心肯定不同于纽约、伦敦这些工业化时期的城市，应该依托于信息化时代的城市特点来建设。

全球一体化的潮流

南风窗：目前，GaWC的世界级城市名册是关于世界一线、二线、三线、四线城市最权威的全球排名。Alpha级别以上的城市被认为是国际一流城市，在全球竞争以及资源配置中起主导作用。从2004年开始，广州在世界城市体系中的地位每一年都在跃升，在最新公布的2016年GaWC世界级城市分类中，广州被成功纳入Alpha一类城市。您认为广州应该坚持怎样的全球城市定位？应如何强化其全球城市的功能？

萨斯基娅·萨森：在全球化的背景下，对于城市来说比较重要的方面就是专业性差异。这一差异使得每一个城市都有属于自己的全球影响力，这种影响力也可能是地区性的。从这个角度来看待广州的话，重要的是分析广州有什么样的资源要素。

在全球化和技术变革的背景下，广州最关键的是要把握好自身城市的定位，发挥自身的优势。像广州这样拥有制造业的城市，应该让制造业持续发展。我们都需要制造业所生产的产品，世界当然也是需要的，这个世界可能不需要第二个“谷歌”，但它需要服饰、汽车、机械等。所以说制造业非常关键，例如德国就拥有高水平的机械制造业。所以我认为制造业是一个城市坚实的基础。

张跃国：从近两年的外资投向来看，外资更青睐于战略性的高端产业，以及价值链高端的企业，如信息技术、生物医药、人工智能等。我们现在已经过了依靠土地经济、劳动力来吸引外资的阶段。外资来到广州以后，可以形成产业集群和自我内生发展的生态圈，这个趋势2018年以来表现得特别明显。

（杨　露）

广州可以发挥更大的国际影响力

专家简介

菲利普·罗卡（Felip Roca），世界大都市协会秘书长。

导　读

广州国际城市创新奖（以下简称“广州奖”）已经连续举行了两届，共聚集了全球215个城市的400多个案例，这些案例不仅仅将城市治理面临的难题进行了聚焦，而且找到了行动的路径和方案，可以摆到桌面上供大家仔细研讨。我们也相信，这些城市如此踊跃地前来参评，并不仅仅为了领一个奖项，对它们来说，更重要的价值则在于找一个创新的途径。

世界大都市协会秘书长菲利普·罗卡率工作组一行于2017年11月1日至7日访问广州，出席首期国际城市创新领导力研讨活动。世界大都市协会成立于1985年，是随着国际城市多边交往兴起而发展起来的面向全球大型城市的国际性组织，目前共有139个会员城市。广州是我国最早加入世界大都市协会并成为董事会成员的城市，目前为该协会的联合主席城市，并负责亚太地区联络办公室有关工作。

在首期国际城市创新领导力研讨班期间，《南风窗》特约记者专访了罗卡。

南风窗：广州是最早加入世界大都市协会并成为董事会成员的城市，您认为广州在其中发挥了什么样的作用?

罗卡：广州打造了“广州奖”，为城市间的交流合作打造了一个优质的平台，发挥了积极的作用。

世界大都市协会一直致力于推动区域、城市之间的相互学习与交流。我们在全球范围内建立了五个培训中心，分别设在开罗、墨西哥、巴黎、首尔等城市，定期地面向会员城市提供培训服务，培训的主要对象是会员城市的政府官员。

这些定期的培训获得了大家的肯定，很重要的原因在于，不同城市的管理者在学习、交流之后获得了一些灵感，也从中找到了自身发展的问题和差距。

我们一直大力支持“广州奖”，尤为重要的是，我们协会本身和很多城市一样需要以创新推动发展。“广州奖”的设立，与培训班的作用相似，给予城市间交流切磋的机会。“广州奖”更为可贵的是，不仅建立起平台，还在逐步发挥智库的作用，给各个城市带来源源不断的创新灵感。

南风窗：“广州奖”的设立与世界大都市协会的支持密不可分，您认为“广州奖”作为一个城市经验交流分享的平台，它最重要的价值在哪里?

罗卡：广州是世界大都市协会的联合主席城市。我们首先期望通过“广州奖”的设立推动会员城市整体创新领导力的提升。而事实上，广州也可以借此树立起自身的城市品牌，在国际事务中发挥更大的国际影响力。

我们都知道，“广州奖”已经连续举行了两届，共聚集了全球215个城市的400多个案例，这些案例不仅仅将城市治理面临的难题进行了聚焦，而且找到了行动的路径和方案，可以摆到桌面上供大家仔细研讨。我们也相信，这些城市如此踊跃地前来参评，并不仅仅为了领一个奖项，对它们来说，更重要的价值则在于找一个创新的途径。

南风窗：对“广州奖”，您觉得还有哪些方面需要进一步发展?

罗卡：目前，我们协会在柏林、莫斯科等城市设立了地区办公室，它们主要起到引领作用，对于广州的做法，它们抱有很高的学习热情。

根据预期，到2025年，我们将有65%会员城市来自亚洲，且大多数来自中国。因此，广州对于协会发展的贡献是尤为显著的。而“广州奖”的智库和桥梁作用也需要进一步地发挥和提升。正是出于这样的考虑，我期望在全球的五个国际城市推动“广州奖”卓越中心的建设。目前，这五个城市的选点正在考虑中。

我们期待这五个卓越中心能够促进“广州奖”在颁发奖项的基础上发挥和完善它的平台作用，肩负起在区域内搜集案例数据的职责，还要进一步地推动研究和实质性合作的开展。

目前的状况是，案例的分享和学习不是全盘复制或者直接借用，城市间的合作也不仅仅是签订一些书面的协议。大家都朝着创新的层面去探寻，尤其是这次研讨会，将高校引入我们的合作当中，成为新的合作伙伴，也让我们的创新思维得到开拓。事实上，城市治理的创新必须要依赖学术研究的推进。只有政府、高校、社团等多元力量形成合力的时候，创新的领导力才有可能达到最大化，令更多的城市和民众受惠。

（谭秋明）

打造全球城市领导力

专家简介

郭锐，法学博士、理论经济学博士后，吉林大学国际政治系教授、博士生导师。入选“吉林大学哲学社会科学青年学术领袖培育计划”、首批“吉林大学优秀青年教师培养计划（重点培养阶段）”、“吉林大学哲学社会科学青年学术骨干培育计划”。

导 读

“一带一路”倡议的提出，表明中国的对外开放已经进入新的阶段，周边国家对中国的“外需”诉求越来越强烈。在这种大背景下，广州如何发挥独特的区位优势和产业优势，从以前的“引进来”的重要窗口、当下的“走出去”的重要前沿，转向“走出去”的示范基地，即以中国和“一带一路”沿线国家的“五通”为重要抓手，实现从国家行为主导下的、国家身份引领式的传统意义上的对外开放，转向区域融合主导下的、集体身份引领式的大开放、新型开放的新常态，是广州要深入思考的重大问题。

在40年的改革开放历程中，广州始终处于并保持着对外开放窗口、先行先试区等重要地位。40年的改革开放为广州积累了丰富的发展成果，使其一跃成长为世界闻名的一线城市。

改革开放40年后的今天，中国的发展方向、国际地位，乃至世界格局，都发生了巨大的变化，如何适应新时代下中国的发展要求，如何更好地与国际接轨，已然成为广州进一步改革开放面临的重大问题。

可以说，中国的改革开放已经进入2.0阶段。迈向新阶段，广州的机遇在哪里？《南风窗》记者专访了吉林大学国际政治系教授郭锐。

前期积累是保障

南风窗：改革开放的这40年，中国在整体上实现了飞跃式发展。就广州而言，在过去的改革开放进程中，完成了哪些积累呢?

郭锐：广州素有“千年商都”的美誉，是中国最大、历史最悠久的对外通商口岸和海上丝绸之路的重要起点之一。从历史上来看，广州的发展主要靠港口，是重要的港口城市，在历史上发挥重要的作用。但在1978年改革开放后，广州已不仅仅是一个港口城市，也不仅仅发挥港口的作用，其在中国重大产业布局中也扮演一个重要的角色。例如在第二产业中的重工业、机器制造业、轻工业方面，广州在全国都居于很重要的地位；在第三产业中的服务业方面，特别是现代服务业、金融业、银行业、保险业等金融产品的衍生行业方面，广州一直走在改革开放的前列。所以从这个角度来说，改革开放改变了世界对广州以往“重要贸易港”的城市印象，同时为广州的发展带来了强劲的动力。

40年的改革开放历程，使广州建成了门类齐全、轻工业发达、重工业具有一定优势的外向型现代工业体系，成为中国重要的工业基地和综合性工业制造中心；同时，广州在商业、金融业、服务业、会展业等第三产业上实现了飞跃式发展，形成了区域中心城市的比较优势和集聚效应；另外，在城市基础设施建设、教育科研发展和人才培养、公共卫生与公共服务体系建设等民生领域，广州也积累了丰富的发展成果。在众多的东南沿海城市中，和广州具有同样地理优势的城市有很多，广州之所以能够脱颖而出，成为一线城市，与其在改革开放进程中形成了完善的产业布局是分不开的。

南风窗：在过去40年的改革开放进程中，广州处于怎样的地位？对中国的整体发展发挥着什么样的作用呢？

郭锐：经过了40年的改革开放，广州一跃成为世界闻名、在亚太地区具有重要影响力、在全国具有很大辐射力和带动力的一线城市、国际大都市、国际商贸中心、国际综合交通枢纽和国家综合性门户城市，实现了全面快速持续健康发展，并在中国外向型新发展的大格局中扮演着重要角色，发挥着独特作用。

由于广州具有得天独厚的地缘优势条件和悠久厚重的历史文化条件，其在中国对外开放和构建新型开放体系的进程中，始终处于并保持着对外开放窗口、先行先试区等重要地位，成为国家一系列的重大改革试验和重要政策实践的先导区、开创区和引领区。

广州作为历史悠久的重要开放港口，在改革开放中自然成为了一个重要的对外开放窗口，被称为中国对外开放的“南大门”。同时，在改革开放之后，广州也成为了一块很好的“改革试验田”。广州在中国改革开放进程中，特别是关键阶段性进程中，兼具了“开放窗口”和“改革试验田”的双重身份，并将其很好地融合在一起。可以说在1978年改革开放时，中央领导人非常睿智，而且有胆略、有智慧。敢于在开放窗口进行重大战略的先行先试，实现了在历史上很难完成的创新性发展，使广州在改革开放中起到了带动全局的作用。

目标转换是动力

南风窗：中国的改革开放再出发，在“一带一路”的大背景下，广州的改革开放应有何新的转变?

郭锐：广州是海上丝绸之路的重要起点之一，作为中国重要的贸易港口城市，这无疑为其在新时期实现新发展，创造了有利条件和优良的开放环境。如此一来，要想有效承接“一带一路”倡议下的诸多政策创新和政策实践，尤其是思想层面、意识层面、思维层面的新变化、新革新，从“引进来”转向“走出去”直至“走进去”，就要真正树立起大开放的新格局观和新型的开放意识思维。在产业对外转移和升级转型、现代新兴产业布局等领域，应有抢占科技创新高地的意识和勇气，要在政策上稳定聚焦高端制造业等国家战略，使广州成为“内联外引、内聚外扩”的重要核心。

以往，广州在中国改革开放进程中扮演的主要是对外开放窗口的角色，这主要是由当时中国的“内需”所决定的。“一带一路”倡议的提出，表明中国的对外开放已经进入新的阶段，周边国家对中国的“外需”

诉求越来越强烈。在这种大背景下，广州如何发挥独特的区位优势和产业优势，从以前的“引进来”的重要窗口、当下的“走出去”的重要前沿，转向“走出去”的示范基地，即以中国和“一带一路”沿线国家的“五通”为重要抓手，实现从国家行为主导下的、国家身份引领式的传统意义上的对外开放转向区域融合主导下的、集体身份引领式的大开放和新型开放的新常态，是广州要深入思考的重大问题。换言之，在以落实“一带一路”倡议为中心、构建新型开放体系的新征程中，广州的身份、角色、地位和作用，显然不再是以往的“窗口”“试验田”这么简单，广州具有了更高、更强、更大、更多的复合型作用，扮演着综合性角色。

南风窗：能具体说一下您刚刚提到的“综合性角色”应如何定位吗?

郭锐：具体来说，就是应把广州建设成一座具有领导力的全球城市。40年前广州的发展目标是提升城市的国际影响力，广州现在已然成为了一个全面发展的国际大都市，国际知名度和影响力都是毋庸置疑的。40年后，广州能否在区域中具有绝对影响力十分重要，也就是说，广州要迈向全球城市，未来应当是专注于提高区域领导力。

若要实现这一目标，做好城市定位至关重要。广州的城市定位需要打破常规思路。城市定位是引领城市发展的一个重要动力，也是一个城市未来发展的重要保障。从功能、品位、文化方面来说，广州都应该突破传统上依赖基础设施、行政优势、单纯意义上的区位优势去定位城市功能。发挥城市作用的传统思路应该被打破。以往我们在定位城市功能的时候会看：是不是交通运输的中心，是不是政治、经济、科教、文化的发展中心。而现在的思维已经开放化了，在“一带一路”的建设进程中，广州已经是一个国际大都市了，下一步是要努力成为一个海上丝绸之路沿线建设中具有领导力的全球城市。

广州现在是全面发展的国际大都市，我们也要放眼于全球的城市竞争。广州现在的情况是别人有的我都有，而别人没有的我也没有。比如，汽车产业是广州的支柱产业之一，但是汽车产业在北京、上海、长春也都有，那么我们的比较优势在哪里？以前广州是东南沿海最大的贸易港，也是历史悠久的贸易港，具有得天独厚的优势。但是现在东南亚的港口也开始逐渐按领域建设，在激烈的市场竞争中各港口之间都在打差异牌，广州怎样突出自己的优势呢？其实广州最大的优势就是产业完整，未来需要更加重视提升特色产业在全球范围内的领导地位。

城市定位是关键

南风窗：在“一带一路”建设的大背景下，广州应如何实现对区域的引领，并提升区域领导力呢?

郭锐：“一带一路”倡议旨在实现“五通”，可以从“五通”的角度进行政策定位和规划。未来“一带一路”建设的一个重要方面就是实现基础设施连通。广州作为一个重要的交通运输枢纽城市和中心城市，在中国不断推进高铁建设、港口建设、空港建设、海港建设的过程中，能否形成广州经验、广州模式，建设成为一个重要的基础设施起点或节点城市，向南辐射东南亚地区，包括在海运和空运上，特别是在海上丝绸之路中能否作为一个重要的节点城市，是非常重要的。

区域的领导力是多元的，不仅仅体现在经济的竞争力上，社会的发展力、文化的感召力、城市的时尚力、外向的发展力、教育的国际化程度等都是很重要的。广州是个开放的国际大都市，要展现作为繁荣国际性都市的魅力，充分发挥文化引领作用，才能使广州在“一带一路”建设中更具国际影响力。

在不断的发展中，一个城市的发展后劲和品位靠什么体现？我认为要靠这个城市对本区域、本国乃至世界提供的流行元素贡献力，看这个城市在流行元素的贡献链条上能否发挥自己的价值。我们应该更加重视年轻人的文化，重视对引领流行文化发展潮流、贡献流行文化元素等方面的培育，这对城市文化的升级转型、城市品位的提升和进一步提高城市影响力，形成城市领导力非常重要。广州之所以能成为“南大门”，除了经济实力强，很大原因在于文化软实力的优势。以文化软实力引领城市，更好地体现主流性，以流行元素表现出来，以实现历史文化、传统文化的现代化，这对一个城市的发展来说，至关重要。

同时，在“一带一路”建设上，广州必须要扮演好地方外交、城市外交的新角色——不仅是窗口，还是中国直面世界、走向世界的一个重要支点和抓手。广州在城市外交方面有得天独厚的优势，能否以广州为轴心，借力“一带一路”倡议，搭建起中国城市外交的新常态和新格局，使中国的城市外交充满动力、感召力，这是很重要的。“一带一路”倡议在推进和落实的过程中，体现了中国推动构建人类命运共同体，其中重要的支点是推动构建周边命运共同体。在推动“五通”的过程中，作为公共外交的一部分，城市外交非常重要。在改革开放40年中，像广州这样的城市，包括中国各层级城市，同国外建立了很多友好城市和姊妹城市的关系，未来还要上升到城市外交的程度。广州作为一个重要的国际大都市，在新时期城市外交上必须扮演更重要角色，特别是在“一带一路”建设和构建人类命运共同体的过程中，广州应该当仁不让，努力做出新贡献。

（魏含聿）

第二辑

世界级湾区：全面开放新平台

粤港澳大湾区是一个世界性开放平台

专家简介

郑永年，中国问题专家，现任新加坡国立大学东亚研究所所长，《国际中国研究杂志》共同主编，罗特里奇出版社“中国政策丛书”主编和世界科技书局“当代中国研究丛书”共同主编。

导 读

美国的规则为什么有时候别人不得不接受？因为它国内市场大——你和我做生意，当然我来写规则，你慢慢磨合和接受。中国的消费市场越来越大，我们可以利用这个消费市场来书写规则。粤港澳大湾区作为世界性平台，背后也是有庞大的消费市场，能够书写规则。

2017年全国“两会”上，粤港澳大湾区首次被写入政府工作报告：要推动内地与港澳深化合作，研究制定粤港澳大湾区城市群发展规划，发挥港澳独特优势，提升其在国家经济发展和对外开放中的地位与功能。

粤港澳大湾区涉及珠三角九座城市（深圳、东莞、惠州、广州、佛山、肇庆、珠海、中山、江门）和港澳两个特别行政区。

粤港澳大湾区是近几年理论界和智库机构的一个热门研究课题。其中，2016年6月，华南理工大学公共政策研究院（IPP）正式提出由新加坡国立大学东亚研究所所长、IPP学术委员会主席郑永年和华南理工大学工商管理学院客座教授莫道明共同执笔的政策报告，建议创设“环珠江口湾区”。

在郑永年看来，粤港澳大湾区不仅仅是个世界级城市群的概念，而且是一个推动南部中国乃至整个中国更加开放的世界性平台。因此，他建议，看待粤港澳大湾区需要有世界眼光，在谋划粤港澳大湾区的未来的时候，不仅要着眼于经济发展，而且要着眼于中国在引领经济全球化过程中如何书写规则。

《南风窗》记者专访了郑永年，请他就粤港澳大湾区建设提出自己的看法。

“粤港澳大湾区”，不仅仅是经济整合

南风窗：2017年，粤港澳大湾区第一次被写入政府工作报告，这可以说意味着粤港澳大湾区建设已经成为国家经济战略的一部分，成为国家意志。众所周知，中国现在处于转型升级的阶段，而外部经济全球化出现了逆转。在这样的背景下，怎么看待粤港澳大湾区建设的意义？

郑永年：我们可以从三个层面来分析。首先，是中国经济的可持续发展。显然，珠三角的发展不仅是广东省的事情，而且要带动南部中国的发展，对整个国家的统一市场建设和下一步可持续性发展都有重要意义。如果说过去我们是追求“数量经济”的发展，那么现在就是要追求“质量经济”的发展。我们现在人均GDP（国内生产总值）达到8500美元左右，要继续提升，迈入高收入国家行列，以前的低附加值的发展方式肯定要改变，要探索“质量经济”怎么发展，包括自贸区试验和粤港澳大湾区建设等都要探索这个问题。

其次，我们要意识到国际的大环境，表面上看是经济全球化出现了逆转。这主要是西方国家引起的，但背后是新一轮主权国家对国际资本的竞争。美国以前是资本净流出的国家，现在特朗普搞的那些动作，也是在为美国营造一个更好的投资环境，吸引美国资本回去，也吸引国际资本过去。中国现在看似不缺资本，但缺优质资本，即附加值高、技术含量高的资本。那么我们要考虑，未来几年，当美国营造一个更好的吸引外资的环境，我们面对的国际竞争压力很大。我们怎么做？当面临着资本流出的压力的时候，临时性的资本管制当然必要，但只是防卫性的。从长远来看，一个国家对资本的管制越严，对优质资本的吸引力越小。中国怎么样和美国、日本等竞争国际优质资本，需要深入思考。中国正处于最需要经济全球化的时候，一方面吸引优质资本，另一方面国内资本也要走出去。对付保护主义和孤立主义，只能更开放。

粤港澳大湾区首先就是针对港澳地区的开放

南风窗：第三个层面应该是粤港澳大湾区建设的特殊的地方吧，就是与港澳深化合作的问题。以前也出台了不少贸易安排等，那么，粤港澳大湾区建设在与港澳尤其是香港的合作上如何创新?

郑永年：我认为，看待粤港澳大湾区的第三个层面就是，不仅通过经济上的制度安排，而且通过社会层面的制度安排来促进国家的整合。我们需要一些新的思路，不仅要与港澳进行经济整合，而且要建立共同的社会政策市场、共同的住房市场、共同的劳动力市场等。所谓深度融合，就是要互动起来。仅仅是生意人之间的互动，没有社会层面的互动，那就还谈不上深度融合。过去融合的瓶颈在哪里？是仅仅限于或者主要限于经济和贸易层面，而社会层面的整合做得不够，行政和公共服务方面的整合也不够——少数人的整合我们注意到了，但大部分人的整合我们没有做好。大部分人的整合，就要考虑社会性的福利、就业、住房等问题。

所以，看待粤港澳大湾区建设需要从上述三个层面出发：经济的可持续性发展、竞争国际优质资本、国家整合。从这三个层面来说的话，粤港澳大湾区就不仅仅是一个城市群的规划，也不仅仅是互联互通和经济整合，更是一个开放的平台。大湾区建设世界级城市群，这个没有问题，只是我们可以看得更深一些，超越以前的只看GDP的方法论。

南风窗：超越经济范畴，进入社会政策的“共同市场”，协调就很重要，所以可以理解粤港澳大湾区为什么成为“国家项目”。

郑永年：区域整合，如果只是地方去做，那往往就变成只做经济项目，这也可以理解。像粤港澳大湾区建设要有总体的规划，顶层设计的方案和协调只能由中央政府来做。我们也要思考，像欧盟主权国家都能做整合，为什么粤港澳大湾区就做不了呢？欧盟以前是煤钢联合体，后来慢慢做劳务市场等整合。欧盟规则很好，问题是没有一个统一的协调者，粤港澳大湾区不存在这个弱点，我们应该比欧盟做得更有效。

在发展中书写规则

南风窗：如果从开放平台来理解粤港澳大湾区建设，那么建立什么样的规则就很重要，如何构建比较有利？

郑永年：这也是我为什么主张不要仅仅从经济层面来看待粤港澳大湾区的一个原因。资源的优化配置是很自然的东西，可以说是粤港澳大湾区建设最起码要实现的目标，但粤港澳大湾区的作用远大于这个。比如你发展什么样的产业，那就要有什么样的规则。我们可以从粤港澳大湾区中探索我们在未来国际贸易体系里面怎么书写规则的问题。

中国下一步如何引领经济全球化？如何书写规则？比较好的办法还是从自己做起。当然不可能是关起门来书写规则。像AIIB（亚投行），那么多国家认可，就是因为把国际金融公认的好的实践经验结合进来了。粤港澳大湾区建设也可以这样，比如汲取欧盟成功的经验和失败的教训。吸收好的做法，从自己做起。粤港澳大湾区建设需要这样的开放格局。这其实就是一个书写规则的过程。

南风窗：不过，和西方国家不同，我们现在强调的是发展导向，它和纯粹的规则导向不一样。

郑永年：中国已经是世界第二大经济体，必须要考虑怎么建立规则的问题。的确，中国未来相当一段时间，主要还是要通过发展来书写规则。中国现在仍处于中等收入水平，哪怕我们书写了最好的规则，可能也很难发挥作用。发展导向不仅有利于自己国家，更有利于其他国家。我们很长时间内会是一边发展，一边书写规则，发展的过程也是书写规则的过程。美国早年也是这样，像“二战”后的马歇尔计划，也是通过发展建立起来的规则。

同时，我们要注意一点，美国的规则为什么有时候别人不得不接受？因为它国内市场大——你和我做生意，当然我来写规则，你慢慢磨合和接受。中国的消费市场越来越大，我们可以利用这个消费市场来书写规则。粤港澳大湾区作为世界性平台，背后也有庞大的消费市场，具有书写规则的先天条件。

南风窗：如果从制定规则角度来说，这对我们自己也是一场改革。粤港澳大湾区在推动改革方面会发挥怎样的作用？

郑永年：粤港澳大湾区比较特殊的地方就是有异质性，有不同的制度安排。一说制度，不需要“政治化”，商业制度也是制度。20世纪80年代，改革成功的一个很重要的原因是通过开放实现了异质性之间的整合。自然禀赋是一方面，制度也是非常重要的。其实，从国际层面来看，对优质资本的吸引也是对异质性因素的优化配置。粤港澳大湾区建设，可以实现不同制度优势的优化配置。异质性的东西不整合，就容易变成消极东西，而真正搞起来就是优势。自贸区可以实现异质资源的优化配置，而粤港澳大湾区可以从港澳和国际两个层面来做制度配置。

早期的改革有很多异质性，向美国学习、向新加坡学习等。现在有个瓶颈，中国的经济体量这么大了，也不可能单纯地通过向哪个国家学习来解决好自己的问题。所以，改革更多的可能是通过异质制度的碰撞产生新的制度，不是单纯地接受，也不是单纯地拒绝。现在很多改革，同质性远远多于异质性，同质性东西的碰撞很难产生理想的效果。而通过异质制度的碰撞产生新的制度，这不就是改革吗？我们现在一些所谓的经济开放行为，实际上是左手的东西放到右手，同质性太强。

不要怕不一样的东西，因为大家不一样，找到合作的地方，新的东西就出来了。同质的东西只能是物理的整合，异质的东西放在一起才会产生化学反应。

南风窗：在中国引领经济全球化的背景下，粤港澳大湾区是否可以承担起某种使命?

郑永年：全球化促进了经济资源的有效配置，但不公平问题越来越突出，社会越来越分化，需要新的解决方案。我们可以从粤港澳大湾区做起，不仅仅是经济资源的有效配置，而且可建立有利于社会公平的模型。如果做好了，有效地实现了内部的整合，其他地方也可以复制，不仅是周边，世界范围内的各个地区都可复制。

（赵　义）

人心的融合，粤港澳大湾区新思维

/专家简介/

杨道匡，广东省粤港澳合作促进会副会长，澳门经济建设协进会理事长，澳门基金会研究所副所长。

/导　读/

广州是一座历史悠久的城市，其城建史可追溯至2000多年前，商品交易的萌芽与发展是促成这座城市形成、扩展的原生动力，不同于“先有潭柘寺后有北京城”，广州先有市，后有城，是顺应商贸聚集扩展而成，商业区和居民区密度较高属于“历史遗留问题”。而要解决这些问题，突破点就在南沙。其充足的地理空间为广州老城区的置换解决了后顾之忧，而中心城区又正好是南沙的依托所在，新区和老城间的良性依赖成为彼此间融合发展的关键。找准粤港澳大湾区多元融合的切入点就是一个非常重要的课题。

《深化粤港澳合作　推进大湾区建设框架协议》2017年7月1日上午在香港签署，国家主席习近平出席签署仪式。粤港澳大湾区建设有利于深化内地和港澳交流合作，对港澳参与国家发展战略、提升竞争力、保持长期繁荣稳定具有重要意义。

粤港澳大湾区面积达5.65万平方千米，人口总量超过6600万人，2017年“九城二区”地区生产总值总和突破10万亿元，是全球面积最大、人口最多的湾区经济带。推进建设粤港澳大湾区，既需要有规划先行的意识，也要有变革性的创新思维。

《南风窗》记者就粤港澳大湾区建设的规划及各方融合等问题专访了广东省粤港澳合作促进会副会长杨道匡。

突破地域局限

南风窗：对标世界著名湾区经济带，粤港澳大湾区与其有相似性也有其特殊性，这些特殊性与粤港澳大湾区的建设策略又是如何联系起来的呢？

杨道匡：粤港澳大湾区有两大特殊性，其一是湾区内制度（包括法律制度、社会制度）不同，政府的公共行政体系不一样，这是国内乃至世界其他任何湾区经济带都不存在的；其二是分属不同关税区，这个最重要，香港和澳门是自由港，拥有三大自由贸易区的广东省不是。

2003年签署《内地与港澳关于建立更紧密经贸关系的安排》（以下简称“CEPA”）的时候就提出要实现货物贸易零关税、服务贸易自由化和贸易投资便利化，但是至今，通关便利性仍没有达成，从而直接影响了生产要素的自由流通。加之粤港澳三地货币也不同，所以未来粤港澳大湾区的建设必须在“一国两制”和不同关税区这两个前置条件下进行创新，没有任一方能同北京或者上海一样，理所当然地成为该湾区的中心。因此，三方必须联动起来推动多元融合，同时这个过程必须是各方共同参与、资源有效整合、政策推动、机制保障的创新性变革过程。

2003年国家商务部在解说“CEPA”时，就明确提出“CEPA”的关键词就是“更紧密”，而且明确提出，“更紧密”就是要解决和消除政府层面的障碍，但是十多年过去了，现实与目标之间仍有明显距离，顶层设计的前瞻性和科学性必须与落地实施的可行性相关联。从2008年的《珠江三角洲地区改革发展规划纲要（2008—2020年）》，到2010年、2011年分别签署的《粤港合作框架协议》《粤澳合作框架协议》，再到后来的国家“十三五”规划以及2016年3月国务院出台的《关于深化泛珠三角区域合作的指导意见》，都是为了推动这一区域更紧密、全方位的融合。

今天来看，“更紧密”与消除政策层面的障碍这两大目标均没有完全实现，粤港澳大湾区跨越不同制度、不同关税区，影响因子多而繁杂，必须国务院牵头协调才有可能突破地域性和局部矛盾的障碍。粤港、粤澳之间都有合作联席会议及合作框架协议，但粤港澳三方没有形成统一的合作机制，要进行大湾区建设就必须形成三方的合作联系。同时我们需要一套日常化的联合监督机制，专门、专业、常规化地全程跟踪和反馈粤港澳大湾区合作项目的推进，确保政策落到实处。

南风窗：融合，归根到底是人的融合、人心的融合，粤港澳大湾区的多元融合又将如何实现三方民众的紧密联系与融合呢？

杨道匡：采取多元融合的方式建设粤港澳大湾区基本达成共识，早在十多年前，这一方式就被提出用于解决香港、澳门和内地的经贸合作问题，在政策构想上不属于新鲜词，但今天我们谈粤港澳大湾区的多元融合，其根本落脚点是要实现人的融合。如何把普通大众与国家战略构想联系到一起，如何让粤港澳居民在湾区建设中有参与感，都是需要解决的现实问题。

这些问题的解决都离不开创新，具体来说，一是合作机制的创新，二是合作方式的创新，三是管理模式的创新。澳门大学横琴校区、粤澳合作产业园、粤澳中医药科技产业园开发有限公司就是粤澳创新合作成果的具体体现，粤港澳大湾区可以借鉴这些经验在更大范围内实现融合。港珠澳大桥在建造过程中实行分段建设，由粤港澳三方派员共同组成大桥管理局，营运工具将来也很可能是由三方合组公司提供，这就为融合发展提供了很好的切入点。

从这一点拓展出去，共组股份有限公司的模式在其他产业，比如与民众息息相关的公共事业一样行得通。由粤港澳三方各自按照不同形式出资对淡水供应、医疗、教育、环保、网络通信等与民众生活息息相关的各大产业进行合组共建、共同管理、持股运营，既是实现资源共同配置、促进多元融合的切入点，同时还是直接连通三方民众最切实际的执行突破口。

粤澳合作迎来新的机遇期

南风窗：“一带一路”倡议开启了中国对外开放的历史新篇章，是中国走向世界的升级版，澳门和广州作为海上丝绸之路的重要站点，枢纽地位愈发凸显。这一时代背景下，粤港澳大湾区的建设是否为粤澳合作带来新的机遇？

杨道匡：400多年前，澳门就是对外贸易的一个重点站点，探究其形成原因，广州黄埔港功不可没。明代外国商人均从珠江口进入黄埔港，而当代官府既希望依靠对外贸易的繁盛增加税收收入，又不希望外国商人长期滞留在广州，因此决定把澳门作为黄埔港的外港。这对于当时的澳门来说是历史机遇，但澳门对这一机遇的把握离不开背后的依托——广州，由这种依赖衍生出的关系总和构成区域贸易的表征。

400多年过去了，在“一带一路”格局下，国家赋予澳门一个“中心”、一个“平台”，即“世界旅游休闲中心”和“中国与葡语国家商贸合作平台”的定位，而这就要求澳门必须和周边城市合作，丰富旅游资源，弥补澳门休闲空间不足的短板。粤港澳大湾区的建设从更大范围、更高层次对区域合作进行变革创新和融合升级，粤澳合作被纳入这一大的框架体系内，其活力和潜力被进一步激发，进一步推动中葡、中拉合作，吸引国际高端人才。

粤澳合作有着先天的优质，“一带一路”是契机，“一带一路”背景下的粤港澳大湾区建设为粤澳合作提供更多可能的空间和创造的动力。

南风窗：2017年是南沙自贸区挂牌两周年，这一个时间节点能引发我们关于粤港澳大湾区建设的哪些思考？

杨道匡：看南沙的发展，我们需要从以下两个角度考虑。第一，南沙与广州的关系。南沙扮演着多重角色，和政府给出的定位一致，我也倾向于将南沙作为广州的“城市副中心”来建设。广州是一座历史悠久的城市，其城建史可追溯至2000多年前。商品交易的萌芽与发展是促成这座城市形成、扩展的原生动力，不同于“先有潭柘寺后有北京城”，广州先有市，后有城，是顺应商贸聚集扩展而成。因此到今天来看，其老城区功能区划分不够清晰，商业区和居民区密度较高属于“历史遗留问题”，而要解决这些问题，突破点就在南沙。南沙规划建成面积达803平方千米，其充足的地理空间为广州老城区的置换解决了后顾之忧，而中心城区又正好是南沙的依托所在，新区、老城间的良性依赖成为彼此间融合发展的关键。找准粤港澳大湾区多元融合的切入点就是一个非常重要的课题。

第二，南沙自贸区总面积60平方千米，不管从土地面积、资源储备还是发展潜力来讲，南沙都值得被期待。正因如此，发展规划的重要性就进一步凸显。南沙地处珠三角几何中心，天然深水港水深可达17米，具备将来作为一个大港区的自然条件。明确发展目标，制定清晰可行的规划是南沙发展的基石，需有了这么一个基础之后，再逐步展开，“从容建设”。

（李佳玲）

湾区建设，
要素自由流动是关键

专家简介

陈广汉，中山大学粤港澳发展研究院副院长、首席专家，中山大学港澳珠三角研究中心主任，经济学博士生导师。社会兼职有国务院发展研究中心高级研究员，广东省政府发展研究中心特约研究员，广州市人民政府决策咨询专家等。

导读

制度的多样性和互补性是粤港澳大湾区最大的特征。在“一国两制”的背景下，尽量降低制度差异导致的成本，增加制度互补带来的收益，追求制度多样性和互补性条件的收益最大化和成本最小化是粤港澳大湾区建设始终要追求的目标。

“在‘一国两制’背景下，尽量降低制度差异导致的成本，增加制度互补带来的收益，追求制度多样性和互补性条件的收益最大化和成本最小化是粤港澳大湾区建设始终要追求的目标。”

《深化粤港澳合作　推进大湾区建设框架协议》自2017年7月1日签署以来，受到各界广泛关注。

党的十九大报告更是提出：“支持香港、澳门融入国家发展大局，以粤港澳大湾区建设、粤港澳合作、泛珠三角区域合作等为重点，全面推进内地同香港、澳门互利合作，制定和完善便利香港、澳门居民在内地发展的政策措施。”

作为目前世界第四大湾区，粤港澳大湾区的规划发展上升到国家战略层面后，话题讨论度与关注度不断上升。

中山大学粤港澳发展研究院副院长、首席专家陈广汉接受《南风窗》记者专访，就粤港澳大湾区建设、完善创新合作机制、如何打破地方保护主义等热点问题一一进行剖析。

香港所长，国家所需

南风窗：近几年，在“一国两制”的框架下，内地和香港之间出现了很多制度创新，比如说沪港通、深港通、债券通、CEPA协议，甚至未来香港高铁的一地两检制度，这些制度的创新是否会继续深化?

陈广汉：“一国两制”是粤港澳大湾区有别于世界上其他湾区的特色，也是一大优势。尽管改革开放后的粤港合作已有近40年历史，有很多机制、体制合作模式创新，像沪港通等，但这些都还是资本的连接。

我们现在面临很多新情况，比如怎么让香港的企业、居民到内地发展，并为其提供机制。机制具体可分为几个方面：

一是动力机制。合作的动力在哪里？合作要产生互利，并且要产生持久的互利，动力主要来源于企业和市场。

二是协调机制。根据以往的经验，这个协调机制是多层次的：首先是中央政府的协调。香港、澳门都是独立关税区，加上广东，依靠三个地区各自协调是很困难的，所以一定要加强中央政府的协调。其次就是地方政府的力量。发展是以企业、市场为主体，但关键时刻政府要能够出面协调。

南风窗：是的，党的十九大报告中也有提及：“全面推进内地同香港、澳门互利合作，制定和完善便利香港、澳门居民在内地发展的政策措施。”对此，您是怎么理解的?

陈广汉：刚才提及的动力机制、协调机制这些要体现在各个层面，以前主要是经济层面，现在要体现在社会层面、法制层面。

第一，经济层面。经济层面主要就是怎样互惠互利，比如香港是国际金融、贸易和航运中心和自由港，法律制度和营商环境与国际接轨，有熟悉国际经贸规则的人才。香港的服务业怎样进入广东，一直是我们主要研究的问题。

第二，社会层面。香港在国际化、金融、贸易、服务业等方面有优势，有利于内地资金“走出去”开展跨境经营、并购。内地的公司到香港去，香港为我们提供什么样的便利？这都是值得研究的。

像腾讯、美的、华为都在香港开设境外公司，香港如果能更好扮演这个平台角色，把国内更高端的企业吸引到香港去，就能把整个服务业做得更大，这就是互惠互利的。

而香港的社会领域，最需要解决的一个政策问题就是“惠商不惠民”，商人得到好处了，老百姓却没有，或者说老百姓得到的好处远远少于商人。

将来要为港澳地区居民到内地来发展，特别是到粤港澳大湾区来发展提供方便，很多社会保障福利制度就要对接好，比方说医疗保障、退休保障、税收制度等。

第三，法制层面。法制方面我们不能只搞临时性的安排，一定要制度化。像广东、深圳这些地方都有地方立法权，我们要通过地方立法使这些安排法制化、规范化。

南风窗：是的，以往的经验告诉我们，制度创新既需要顶层设计，也需要底层动力。

陈广汉：制度的多样性和互补性是粤港澳大湾区最大的特征。在“一国两制”的背景下，尽量降低制度差异导致的成本，增加制度互补带来的收益，追求制度多样性和互补性条件的收益最大化和成本最小化是粤港澳大湾区建设始终要追求的目标。

从经济、社会、法制三个层面来深化港澳与内地合作的体制机制，最主要的平台就是粤港澳大湾区，这是最重要的抓手。

南风窗：中国内地改革开放已经接近40年了，珠三角经济得到了长足发展。香港和珠三角的关系已经逐步走出了“前店后厂”的模式。未来香港应该如何定位在湾区发展中的角色？如何充分发挥比较优势呢？

陈广汉：香港的优势主要是，它有一个国际化的、市场化的、高度开放的经济体制，加上是自由港，“一国两制”保证了这个优势。

内地不论哪一个城市，将来不管怎么开放，很难像香港这么开放、自由、国际化。香港在中国的经济发展过程中可以扮演其他城市所扮演不了的角色。这种角色，一是有法律的支撑，二是有产业的支撑，三是有基础设施的支撑。

法律上，它的商业规则是与国际接轨的。

产业上，包括金融、贸易、企业咨询、企业管理、项目评估等，它的整个服务业是高度发达、高度国际化的。

基础设施上，香港的港口、机场航运等支撑起连接世界的商业网络，信息也是高度流通。这些都是属于香港的优势。

那么怎样发挥这些优势的作用呢？中国经济到了高质量发展的新阶段，香港要本着一个很重要的原则：国家所需，香港所长。要把国家在新时代的重大发展需求与香港的长处结合起来。

国家的需求表现在很多方面，比如我们要构建全方位的、更高开放水平的经济体系，我们要走出去，人民币要国际化，等等。特别是，在人民币国际化过程中，香港将来要扮演重要的离岸人民币金融中心的角色，其他城市是发挥不了这样的作用的，并且国外的城市也做不到——因为我们有“一国两制”。

国家的“十三五”规划提出，支持香港强化全球离岸人民币业务枢纽地位。离岸人民币金融中心，可以是伦敦、新加坡，但香港是枢纽，这个枢纽我的理解就是“中心的中心”。

“一国两制”，既是粤港澳大湾区的特色也是最大优势

南风窗：党的十九大报告提出，支持香港、澳门融入国家发展大

局。如刚才所说，这是一个把国家的需求与香港的优势结合起来的过程。您认为，香港应该如何着手呢?

陈广汉：一是积极开拓内地市场，以此为依托深化内地和香港的合作，并解决合作沟通中的一些障碍。二是香港要进一步国际化，在经济全球化不断深化中，香港其实也需要制度的提升。只有不断提高国际化，香港才能更好地服务内地。

依托内地，面向世界——香港结合好两者，才能更好地发挥纽带和桥梁的作用。中国内地的对外开放已经从“引进来”向“走出去”与“引进来”并重、从资本输入向资本输出、从适应国际规则向参与国际规则制定的新阶段转变。

香港需要适应国家的对外开放新趋势。随着内地企业大规模的对外投资，香港与国际接轨的法律制度、较低的融资成本、资金的自由流动、国际商业网络和国际化的专业服务等，使其成为内地企业对外投资、融资、并购和国际经营的重要平台。

南风窗：如果与国内其他城市群相比，您认为粤港澳大湾区最大优势是什么呢?

陈广汉：第一，粤港澳大湾区可以说是中国经济最开放、最发达、最有活力、最外向型的地区之一。与国内其他城市群相比，最大的优势是“自下到上”的区域合作，推动力来自市场和企业，来自真切的需求。也就是说，是以市场为主导，企业为主体，政府为市场和企业搭好台，加上规范的制度。这是很大的不同。

第二，粤港澳大湾区的合作基础是有产业支撑的，产业合作已经有三四十年的时间了。尽管现在面临新的挑战，但粤港澳大湾区的经济实际上是融为一体的。

第三，与国际接轨方面，市场化程度和国际化的程度比较高。

南风窗：那与世界级湾区相比呢？据世界银行统计，全球经济总量约60%来自港口海湾地带及其直接腹地。粤港澳大湾区未来将与纽约湾区、旧金山湾区、东京湾区等世界级湾区展开竞争，优势在哪呢？

陈广汉：世界著名湾区是集优美的海洋环境、世界一流的创新能力、现代化生产和生活方式、开放性社会和经济形态、国际化商业和交通网络于一身的城市群和都会区。旧金山湾区的优势是高科技，东京湾区是高端制造，纽约湾区是国际金融、现代服务业。

与这些世界级湾区不同的是，粤港澳大湾区并不是在同一种政治经济体制下运行的。“一国两制”是粤港澳大湾区最重要的特征，也是最重要的优势。在“一国两制”之下，制度的多样性和互补性是粤港澳区域合作的优势，也可成为推动合作的动力。

当然，客观地讲，粤港澳大湾区的发展阶段还比它们低。但这同时也意味着可发展的空间大。我们可以借鉴世界级湾区的经验，把它们当成追赶的目标。

中央权威打破地方保护主义，促进生产要素自由流动

南风窗：世界级湾区还有一个重要的特点是，内部各种要素可以自由流动。粤港澳大湾区的发展应该如何搭建正向的协调发展机制，避免陷入地方保护主义的困境？

陈广汉：“一国两制”和三个核心城市是粤港澳大湾区的突出特点。推进体制和基础设施对接、城市功能和产业分工协调，实现区域内商品和要素的自由流动是推进粤港澳大湾区建设的重要途径。

建设粤港澳大湾区需要区域内各个城市明确战略定位，取长补短，避免地方保护主义和无序竞争。

首先要加强中央的协调，如果是在珠三角地区，要加强省政府的协调。解决粤港澳大湾区问题，中央要有权威性；解决珠三角问题，省政府要有权威性。要确保中央和省政府的权威性。不能站在各地政府的角度来看粤港澳大湾区建设，如果都来重复建设，这个粤港澳大湾区建设是失败的。

可以通过手段调控，如机场、港口是固定在某地，但资本运营是可以进行协调的。要有一种明确的意识，即都是整个大湾区的，是为大家服务的。

再就是要进行充分的市场竞争，真正优秀的企业会脱颖而出，形成竞争分工。不要搞地方保护主义，不要搞补贴来破坏市场机制。市场解决不了的，政府就要协调和统筹。

南风窗：在粤港澳大湾区发展中，广州扮演了什么角色?

陈广汉：在粤港澳大湾区建设中，作为核心城市，广州是很重要的一极。我们要做到城市优势互补，做到1+1大于2，城市定位就要有错位。

香港的国际化程度比较高，深圳的高科技能力比较强，而广州是内地的一个经济中心，服务、交通、文化、医疗等都是广州的强项。所以广州是推动区域合作的重要力量。广州还要努力在创新科技这一块有所突破。

加强粤港澳青年交流，保护政策应有度

南风窗：在党的十九大报告中，习近平总书记对年轻一代寄语："青年兴则国家兴，青年强则国家强。青年一代有理想、有本领、有担当，国家就有前途，民族就有希望。"粤港澳大湾区未来走向世界，应

该如何促进湾区内年轻人的交流，让珠三角的年轻人更好地融入国际社会、熟悉国际规则呢?

陈广汉：粤港澳青年人之间的交流将是粤港澳大湾区今后发展中一个重要的课题。实际上现在最重要的是解决港澳地区的年轻人如何了解内地，如何来内地发展，内地优秀的年轻人如何到港澳发展的问题。

像澳门，地方比较小，有些政策是为了保护当地的年轻人，这个可以理解，但是这些政策若长期化，其实是不利于他们发展的。

港澳的各种福利往往比内地好，如果港澳的年轻人来内地发展，在同一个平台竞争，可能要做好心理准备，因为内地年轻人更加能吃苦。

再就是，港澳的年轻人，到底想不想来内地创业?

在港澳创业，因为有相关政策支持，可能得到政府几十万元的资助，但在内地可能就会承担更多风险，进而会导致他们不想在内地创业。所以，我觉得双方还是要多多交流，努力加强了解，了解后逐渐适应，最终一起参与竞争，一起分享国家发展进步的成果。

（蒙洁华）

第三辑

创新之魂

立足智能，广州将继续引领风骚

/专家简介/

吴恩柏，现任香港科技大学（以下简称“香港科大”）协理副校长、霍英东研究院院长。毕业于美国加州大学伯克利校区，获得应用力学博士学位。自2014年领导了香港应用科技研究有限公司（以下简称“应科院”）的智能制造倡议。其领导下的团队共获得了300个发明专利授证，占应科院所有专利的60%，并在香港创新科技署2013年对应科院进行的五年评比中荣膺头筹。

/导　读/

全世界有没有一个城市或地区是长期引领风骚但没有科技实力的？没有。所以我认为广州一定要持续关注全世界科技浪潮和发展趋势，并且一直站在浪潮的最前端。现在潮流已经从传统的定制、大量生产走向了智能制造、智能家庭及城市、智慧医疗、智能财务金融等，同时也追求可持续发展、生态环境友好、宜居环境。因此引领风骚的关键点就是在厚实基础科学及技术之上，发展智能科技，让老百姓过得更好，产业更有竞争力。

在虎门大桥东侧，广州南沙伸向珠江口的岛尖上，安静矗立着香港科大霍英东研究院的办公大楼。许多前沿的应用技术，就是从这个并不引人注目的地方走向产业化，走进中国普通人的生活中。

吴恩柏是香港科大协理副校长，也是霍英东研究院院长。他20世纪80年代从美国加州大学伯克利校区博士毕业，并在多家硅谷高科技企业任职，之后又在港台地区多所知名大学和科研机构任职。过去十余年里，吴恩柏一直致力于推进高校及科研机构的研究成果与珠三角的产业相结合。中国发展进入了新阶段，广州制定了新的战略目标，南沙“双区联动”迎来了新的机遇期，每一个层面上对科学技术和创新创业的依赖都更强，同时进入了更高的需求层次。在此背景下，《南风窗》记者专访了吴恩柏。

一个实现大学使命的好时机

南风窗：一路走来，我发现越接近霍英东研究院，环境就越安静。可以想象十年前香港科技大学把霍英东研究院落户南沙的时候，这里应该是更加荒凉。那么当初为何选择了南沙呢?

吴恩柏：香港科大的使命有两个，一是追求在国际上的学术声誉，二是对我们所在的社会做出贡献。选择广州南沙，这是从第二个使命出发，我们要对社会做出贡献，最重要的对象就是身边的香港和珠三角。

珠三角最大的城市就是广州和深圳，所以我们在这两个城市都成立了研究院。十年前，霍英东给香港科大捐助了很多软硬件设施，科大感念他的支持，就选择了他一生中非常重视的南沙。正如你所说，十年前的南沙是绿野平畴、海天一色，环境比较清苦。香港科大1991年在香港清水湾建立的时候，环境也非常相似，但不影响我们的使命实现。

南风窗：和十年前相比，南沙如今已经大不一样，2012年成为国家第六个高新区，2015年又成为广东自贸区的核心部分，在国家战略版图中的地位大幅提升，这对霍英东研究院的工作有没有积极的意义?

吴恩柏：当然有。一是我们得到了更多的资金支持；二是南沙的产业正在提升，对技术的需求变大了；三是南沙的基础设施建设现在进步很快。

尤其是资金方面，科研人才都是逐“水草”而居的，哪里有经费就往哪里走。2013年开始，南沙对科研机构的支持力度明显加大，这两年来自广州的支持也在快速增加，有了更多的资金，我们就可以吸引更多人才、转化更多科研成果，以及孵化更多创新创业团队，造福社会。

过去十年来，霍英东研究院总共做了500个项目，其中大约一半来自政府，一半来自企业，而且这500个项目中的大部分是在最近这三年做的。

南风窗：在这500个项目中，怎样体现香港科大“为所在的社会做出贡献”的使命?

吴恩柏：我们赋予霍英东研究院两个任务，一个是把香港科大那些非常前沿的研究成果拿到广州来做产业化的落地，另一个是在当地招收人才，对他们进行非常严格的训练，然后自己承接项目，自己进行产业化尝试。我举几个例子来说明一下我们团队做的工作。

我们最大的团队是做物联网的，三年前做了广州塔项目，游客进去之后，可以通过手机了解每一个看到的东西的内涵、背景等相关知识，这一技术可以在其他地方不同的使用情境下不断复制。

我们第二大的团队是做模塑成型的。模塑成型几乎是所有塑料产业里最重要的支撑，内地的成型机很便宜但精度较差，国外的成型机精度较高但是非常贵。我们就用自己的技术和一家珠三角的公司合作，让国内现有的射塑机装了我们的模块以后射出的精度可以达到国外机器的水平。

第三大团队是材料方向的。经过大约十年的努力，我们研发的高强度防撞复合材料已经应用在无人机、无人船、汽车上。复合材料的优点是轻，最大的弱点是不耐撞，因为复合材料是一层层贴起来的，层与层之间的强度是最弱的。我们研发的技术可以把复合材料的层间强度提高。

另外我们的电池管理技术，现在已经在南沙的一些公交车上应用，我们希望将来地铁4号线延伸段通了之后能用在穿梭巴士上。

"高大上"的科技如何服务百姓日常

南风窗：您前面给出的一些数据，说明霍英东研究院现在进入了一个快速发展通道。这是否意味着，现在内地的环境更适合科技创新创业和科研成果产业化？毕竟如果时间倒回20年前，内地社会对科研创新似乎没有提出那么强烈的需求。

吴恩柏：以前要解决的痛点不一样，对技术含量没有那么高的要求。产业技术水平在过去20年里大幅提升，需求也就不断翻新。20年前的珠三角主要还是从事比较低端的装配产业，十年前的珠三角就像当时的深圳华强北一样，主要是"山寨"。但现在已经不一样了，华强北已经取代了十年前的台湾新竹，形成了全世界最方便的IT产业的采购组装生态链，华强北的蜕变是珠三角经济社会蜕变的缩影。广州也是这样，不断地迭代。

从大学里出来的技术一般比较“高大上”，可以说是“在天上飞”，我们霍英东研究院要做的就是让它们“在地上爬”。内地的发展尤其是高铁、移动通信、物联网的发展，带动了整个产业的技术水平提升，社会对霍英东研究院这样的科研机构的依赖性也就越来越强。

南风窗：的确，在比较短的时间里，中国在许多技术领域实现了曾经不可想象的突破。广州的“天河二号”超级计算机，运算速度是全世界数一数二的，这也让广州的普通人对超级计算（以下简称“超算”）有了更多的兴趣。广州超算中心南沙分中心在南沙区的支持下，也设立在霍英东研究院，您能否介绍一下超算在当前可以给一般人的生活带来什么福祉？

吴恩柏：超算为什么重要？我可以举无数个生活例子。比如台风来了，你可以用它来预测是偏离10千米、5千米还是1千米，这和老百姓的疏散和各方面的防御准备都息息相关。计算能力越强，计算频次越高，预测就越准确。还有地震预测、海啸预测、基因测试、交通线路规划以及我们十分熟悉的人工智能“阿尔法狗”，也都是超算应用的领域。

总而言之，越大、越精密的东西，越要依赖超算。我以前做过汽车的撞击试验，应力波是怎么传递的，车子的结构是如何振动的，人和车各自是如何受损的，利用超算都可以清楚地揭示。船舶、飞机、火箭，也都依赖超算。

超算要更多地服务于社会和现实生活，就要有很多软件去配套。我们的硬件已经做到全世界最好，但还要开发很多软件，让大家都可以很方便地进来使用。可以使用的软件越多，超算的威力就越大。使用者越多，对技术进步的帮助也就越大，鸡生蛋，蛋生鸡，形成一个良性循环。技术进步太快，一个超算硬件称霸世界也就三五年，所以形成良性发展的生态非常重要。

小国未必要发展超算，但大国就必须有这样的能力才不会受制于人，这个道理和国家要发展独立的北斗系统是一样的。

香港科大里的“双创”生态

南风窗：现在中国对创新创业非常重视，我们都知道香港科大的学生在创新创业上表现卓越，比如科大毕业生汪滔创立的深圳市大疆创新科技有限公司只用了几年时间就领先全球，科大是不是有某种传统在支持双创实践?

吴恩柏：这要分两个角度来看。第一个是科大非常注重对学生进行良好的训练和培养他们的国际观。创新创业者的眼界是国际性的，那么他的企业在全世界都可以通行无阻。

科大的创新创业生态系统非常有秩序。课程设计非常有弹性，本科生甚至可以自主选择多专业的整合学习，比如你希望是电机和生命科学结合，或是材料和管理结合，或是人工智能加上财务工程，也就是所谓的金融科技，都可以让你念，跨领域组合学习。甚至，你还可以结合香港另一所大学的另一个专业。我们还有这样的合作，香港科大和美国南加州大学以及意大利米兰的博柯尼大学有一个联合项目，本科四年里学生可以在每一所大学待一年，然后第四年你自己挑其中一所大学，共拿到三个大学的学位。我们有这种非常灵活的设计，因材施教，只有一个基本要求，就是你要好好念书。

第二个是我们对实践方面非常重视。香港科大的大部分本科学生，在大四的时候，要写一个学士的专题，几个学生组一个团队动手完成专题。研究生还有一个学程，要写一个商业运营书，毕业前后就可以拿着这个运营书去开公司。另外还有专业上的辅修，修完可以拿到一个创业的证书，修习的过程中会听到很多知名校友及专家的演讲，让你学习别人是怎么做的。

我们开辟了一大块空间做了一个创业基地，在里面每一个学生可以尽情交流、辩论，也可以请人来演讲，可以接触到各种不同专业背景的学生，商学院、工学院、理学院、人文社会学院的学生都有。

我们还有各种大赛，如让学生组织一个团队，在限定时间里做一个东西出来，比如写一个软件，然后上去报告这个东西可以用来做什么。科大创业比赛的旗舰是“百万奖金创业大赛”，在香港、澳门、广州、深圳、北京五个城市一起办，最后在广州举办总决赛，2018年有将近1000个团队参加。比赛的目的是创造机会让大家可以互相交流、观摩、学习及比赛，我们会鼓励学生去别国参赛，也会邀请别国的学生来中国比赛，让参赛的学生了解别人怎么想，自己还可以怎么思考问题。

香港科大还设立了种子基金，学生有创新点子或成立公司的，可以获得完全无偿的支持。一共有五个基金，在不同的阶段给予创业者以资金支持。对学生而言，你就放心去尝试吧，不用怕失败，搞砸了也没什么损失，可以学到很多经验，等到他们真正到社会上搞砸的概率就会降低。

另外，我们还会安排很多天使投资人、风险投资人进入学校，来和学生对接。

汪滔是在香港科大念的本科、硕士，在学校也参加过科大的百万奖金创业大赛，是科大创新孵化计划的成员。在和老师、伙伴们的沟通中，他不断修正自己的创业方向，最后找到了痛点。这个痛点就是当时全世界的无人机要么是很高端的，只能给专家去用，要么就只是个玩具，中间缺了一大块没有人做。其实很多人想要一台有实用价值、品质还不错、价格可以承受的无人机，汪滔找到了这个使用者情境，并且在这个使用者情境里做到全世界最好。

有效解决痛点的就是好教育

南风窗：对中国的教育制度，40年来一直有质疑之声存在，有的还相当激烈，人们往往把它和欧美教育制度进行对比。人们一方面认为教育对国家发展非常关键，另一方面认为我们的教育很不好。然而改革开放以来中国发展很快，尤其在最近十几年各领域的活力和创造力都爆发了出来，这个矛盾应该怎么看待?

吴恩柏：前面说过，不同时代里，我们要解决的痛点的层次是不同的，对产业技术有不一样的要求，对教育也有不一样的要求。

十年前，中国的大部分公司还是走的“引进——改良——超越”的道路，所谓超越其实在许多领域也没有实现。不过，这一方法是适应内地使用情境的，因为一个庞大的市场分泌出来的“奶水”，可以养活这些公司。在这种情境下，中国教育没办法照搬美国的教育，因为你还没有走到那一步。

1982年我到硅谷工作，我就在思考，为什么“硅谷”从20世纪60年代开始就一直引领世界风骚？因为美国是当时西方世界的领导者，它有这个引领的责任在身上。它在各个领域都要做最先进的研究，这就意味着没有什么成果可以去照抄，必须独立思考、独立判断。我在加州大学伯克利校区读博士，一开始觉得也不过如此，但时间长了就能感觉到它的王者风范在哪里，那就是建立于国家实力基础上的胸襟和视野。其他国家没有处在美国那个位置，就没有那样的视野。

对于中国的教育，外面的人可能觉得不好，但这没有实际意义，我们必须从解决中国的实际需求、现实痛点的角度去思考才合适。等到将来你变成世界老大了，你就要开始思考怎么引领世界，就像回到唐朝，那时中国是世界的中心，那种气度也是别国无法企及的。对于中国教育，当然有很多方面可以去批评，但我们看到现在全世界对清华、北大其实挺尊重的，就是因为它们在中国国情下积累了成果及声望。

时代更迭会赋予教育以不同的形式、要求。要对社会做出贡献，牵涉到社会需要什么，理工、管理领域的评价是比较统一的——就是当下是否对社会做出了贡献，文化、法律、政治等领域就需要比较长的时间来观察，好还是不好，时间会证明一切。

南风窗：您在美国以及中国港台地区都工作过，现在又有比较多的时间在广州做研究，综合您的经验和思考，您怎么看待广州的未来？

吴恩柏：未来广州当然要在粤港澳大湾区中占据重要地位。而在经济和科技上如何继续引领风骚，就要问一个问题：全世界有没有一个城市或地区是长期引领风骚但没有科技实力的？没有。所以我认为广州一定要持续关注全世界科技浪潮和发展趋势，并且一直站在浪潮的最前端。现在潮流已经从传统的定制、大量生产走向了智能制造、智能家庭及城市、智慧医疗、智能财务金融等，同时也追求可持续、生态环境友好、宜居环境。因此引领风骚的关键点就是在厚实基础科学及技术之上，发展智能科技，让老百姓过得更好，产业更有竞争力。而要让城市在国际上引领潮流还要能制定好的开放式政策，吸引全球人才，培养出创新的城市文化，一如旧金山之于硅谷。

（李少威）

找回城市的初心

/专家简介/

秦朔，商业文明联盟创始人、“秦朔朋友圈”发起人、《南风窗》原总编辑、《第一财经日报》原总编辑。复旦大学新闻系学士，美国加州州立大学公共管理学硕士，中山大学企业管理学博士。著有《大脑风暴》《传播成功学》《感动中国》《美国秀》《大变局》《告别GDP崇拜》等著作。

/导 读/

开放是广州的标签，领风气之先是一个历史事实。《财富》全球论坛在广州举办，成为广州从新的视角上开放创新、再领风骚的标志。

广州在建立城市的中心地位方面仍然扮演着非常重要的角色。我认为，广州未来要在两个方面继续强化：一个是现代服务业功能的打造；另一个是要在区域内的分工合作中体现自己的资源优势。广州有长时间沉淀下来的商业文化，风气上务实进取，民营企业有很好的发展条件，这些都是广州的优势。

今天的中国在全球舞台上的角色正在发生重要变化。当原来的全球化领导者——美国呈现出某种程度的孤立主义倾向，让国际社会对全球化前景惶惑不安之时，中国则高高地举起了开放、融合的大旗，从全球化步伐的一个跟随者向一个引领者转变。

在这一背景下，当《财富》全球论坛第五次来到中国时，它选择了广州，一座从古至今都以开放闻名的城市，而本届论坛的主题也确定为“开放与创新：构建经济新格局”。一定程度上说，这暗示着国际社会在全球经济格局变化、话语权消长、不确定因素增加的形势下，寻求某种确定性的共同诉求。

《南风窗》记者采访了著名媒体人、“秦朔朋友圈”发起人秦朔，从他作为媒体人与学者的双重认知角度，发现本届论坛背后特别的意义。

贴近中国才能称为“全球”

南风窗：《财富》全球论坛1995年创办，至2017年已22年，在广州举办的是第14届。包括上海、香港、北京、成都、广州在内，中国城市举办的次数占总数的三分之一。为什么一个全球性的论坛，这么频繁地放在同一个国家举办?

秦朔:《财富》全球论坛是以美国为主导的全球化过程中出现的,它的一个重要特点是以国家经济实力为后盾,在全球配置资源,同时制定规则。

布雷顿森林体系确立不久,美国经济在全球的占比就呈现慢慢下降的趋势,从20世纪60年代初的40%左右下降到2016年的24%左右。不过因为美国拥有全球话语权,所以全球贸易使用美元结算,特别是重要的战略性物资使用美元结算的比重还非常高,占到七八成。这个超级IP毕竟也要与时俱进,而与时俱进的核心就是中国的崛起。

中国在实行改革开放、建立社会主义市场经济体制,尤其是在2001年正式加入世界贸易组织后,经济影响力与日俱增。现在中国对全球经济增长的贡献率大约是33%,美国大约是17%,中国的贡献率差不多是美国的2倍。这说明今天的全球化跟当年美国建立游戏规则的全球化相比,已经发生很大改变,今天的全球化里面很核心的一个角色是以中国为代表的新兴市场。那么《财富》全球论坛就必须跟今天全球化中最有活力的一个因素关联,所以无论过去是在上海、香港、北京、成都,还是今年在广州,其实都代表这样一个趋势。相信随着中国的发展和国内城市全球影响力的增强,未来《财富》全球论坛在中国举办的频次还会增加,甚至如果离开了这个最鲜活、最有成长性的市场,还不能叫“全球论坛”,因为代表不了全球。

《财富》全球论坛第一次在中国举办,是1999年在上海。那时我去采访,中国进入世界500强的企业只有6家,现在已经有110家左右,20年时间不到就增长到差不多20倍。时代交迭,今天《财富》全球论坛选择在中国城市举办,与其说是由过去美国的IP提升中国的影响力和中国某些城市的品牌价值,不如说是中国的整个经济成长、中国公司的成长和中国城市的进取心在赋予一个几十年前的IP以新的活力，从某种意义上说这是一个反向赋能的过程。而且我认为再往后看十几二十年，会有中国的超级IP出现，走向全世界，不再需要美国的IP来为中国赋能。

18年沧海桑田

南风窗：1999年《财富》全球论坛第一次在中国举办，您就现场观察和体验。此后一直延续下来，十几年里中国企业在这样一个全球场合的表现，发生了哪些变化？

秦朔：1999年在上海我第一次参与报道，当时会上的中国企业家还是张瑞敏、李东升、宁高宁、卫留成、赵新先这一批人，但他们的露面事实上已经开始刷新世界对中国的印象。那时国外可能觉得，中国企业刚刚进入市场经济大家庭，很落后，但事实上当时宁高宁、卫留成等人都能讲一口流利的英语。基于中国本土市场的成长，他们的气象已经不是外界惯常理解中的自我封闭状态。

当然，在那样一个场合也能感受到中国企业家的本土自信心还不太够。我记得非常清楚，当时《南风窗》的报道写过，那时杰克·韦尔奇可谓如日中天，赵新先在会上问他，怎么能建成一个全球性的、基业常青的企业。那时中国企业还是以一种谦恭的学习姿态出现，无论从企业规模还是盈利能力、在全球开展业务的能力都跟全球顶尖企业差很远，觉得全球顶尖企业还遥不可及，这是那个时代的一般景象。

后来，中国企业在互联网、制造、能源、机械工程等很多领域崛起，尤其是在移动互联网时代领先发展，在这个过程中我们的姿态就越来越放平。比如现在的一些“80后”互联网创新企业家，他们在技术、资本、文化、视野上都非常自信，许多先进的应用技术和模式别人想学也学不到。中国庞大的市场基数，最终会变成巨大的势能，特别是移动互联网的应用，中国的物流这么发达，成本结构是支持的，所以中国在很多方面实际上已经走在世界前列，企业家也慢慢走到世界前列。现在中国这一代更年轻的企业家，比如“80后”企业家，在国际舞台上直接用英语演讲已经很常见。在国内，本土公司的成长比国外跨国公司快得多，所以大量国外跨国公司的人才加入了本土公司，形成一个反向流动。

中国公司现在不必很仰望西方，对等性越来越强。当然我们也要保持谦卑，毕竟在很多方面尤其是原始创新方面，人家还是有很多优势。

南风窗：您指出了中国企业在全球场合的自信心不断增强这一趋势，从《财富》全球论坛的主题变化上分析，似乎也反映着这个趋势。过去在中国城市举办的四届论坛，主题都涉及“中国”或“亚洲”，而2017年广州这一届的主题是“开放与创新：构建经济新格局”，没有地区限制，是一个开放性的主题。

秦朔：应该说，主题的开放性是中国在全球有了一个更加开放的世界观之后的产物。

前段时间我在上海见到了《发现的时代》作者之一，南非学者伊恩·戈尔丁。另一个作者是加拿大的克里斯·柯塔纳，他们一起写这本书，这本书是关于如何认识当今这个“新文艺复兴时代”的。戈尔丁曾经是曼德拉的经济顾问，又在世界银行工作过，所以过去跟中国领导人接触很多，他说自己曾经对中国领导人提出，希望他们带领中国扮演一个更加积极的全球事务参与者的角色，主动承担更多的全球责任。那时中国领导人往往回答说我们还没有准备好，我们在很多方面还有很多不足。2017年习主席在冬季达沃斯论坛上的讲话，全面展示了中国的经济和商业价值观。他说在现场听了习主席的讲话之后，真正感觉到中国已经要开始在全球事务中发挥领导作用，而且这恰恰又是发生在特朗普奉行“美国优先”理念的背景下，他说感到非常欣慰，这个时代正需要大国的担当。

中国的世界观已经发生了改变，今后它不再只是一个被动的参与者，还是一个主动的引领者，这一点从“一带一路”也可以看得非常清楚，很多跨国公司都跟着中国公司从“一带一路”上去寻找业务发展机会。

在这样的背景下，自然产生了广州这一届《财富》全球论坛的开放性议题。未来甚至可以这么说，越是开放的议题，越可能在中国讨论，因为中国今天的自信心和走向全球的气象，已经决定了这样一种局面。中国的气象和美国孤立主义、精英主义的气质是不一样的，它的包容性更大，代表着更加积极、更加雄心勃勃、更加向上的新兴力量。

复兴与开放

南风窗：“复兴”这个词的基本意思是过去曾经辉煌，但因为某些原因而衰落了，今天要找回昔日的地位。中华民族的复兴必然包含中华文明的复兴，那么文明复兴是否意味着，将来中华文明中一些优秀的遗产将会为全球商业文明的发展提供新的规则，进行新的话语权配置?

秦朔：看待这个问题的时候，我们必须保持冷静客观。

的的确确，中国有几千年的文明史。18世纪，整个欧洲和刚刚兴起的美洲对于中国的生活方式还是非常向往的，对于“Made in China”的“三件宝”——陶瓷、茶叶和丝绸都是趋之若鹜的。当时由于中国出口强劲，吸收了欧洲和美国的大部分白银，最后英国不得不用鸦片贸易来冲抵逆差。从这个意义上说，“Made in China”这个标签背后的附加价值（也就是它的文化价值）在历史上就是很高的，而不是后来印象中的“Low”，这种印象也不会永远持续下去，中华文明的复兴是可以预期的。

另一方面，历史值得我们认真反思。在过去的十个世纪中，仅仅在20世纪中国的经济总量不是世界第一。不过，所谓的第一其实是在全球并未连为一体的情况下的第一。比如17世纪初欧洲人初到北美，整个美洲可能不到200万人，那个时候的全球化是很不完整的。大航海时代以后，真正的全球连通开始了，中国的经济总量仍然很大，但人均上就逐渐落后于西欧了。

为什么？最重要的原因就是中国封闭了，你的观念系统不是开拓性的，不是遇到各种各样的问题就去解决各种各样的问题的，而是觉得自己很牛，把自己封闭起来了。2017年在香港回归20周年纪念活动上，习主席也讲到，鸦片战争时清军有80多万人，而英军只有1万多人，但英军入中国竟如入无人之境。这就提醒我们时刻要有忧患意识、反思意识。

所以我认为，中华文明的复兴是一个大概率事件，但如果我们没有一个开放和内省的状态，那么还会面临很大的问题，存在很多不确定性。今天中国的实力其实还是总量意义上的，他跟强大、效率、高附加、高质量、高素质、人们有很强烈的幸福感和获得感意义上的复兴，还存在相当的距离。中国还有相当比例的人口，离现代生活还很远，这些人的处境也是中国这枚硬币的另一面，同样值得我们正视。

守正与初心

南风窗：每一个举办《财富》全球论坛的中国城市对这一活动都非常重视，因为我们还是很希望自己的优势和特色能更多地在世界范围内曝光，广州也不例外。您怎么看今天《财富》全球论坛对于广州的意义？

秦朔：全球化进程事实上也是各个区域相互竞争的过程，因此一个区域怎样去打造自己的品牌，从营销上说是一个热点话题。

今天的中国城市，已经从当年以土地和城市化为中心的城市运营，进入以整体性的环境优化、服务优化、效能升级以及在全球配置资源为标志的品牌竞争的阶段，所以面对《财富》全球论坛这样一个高端资源汇聚的传播放大器，重视都是不言而喻的。

不过如果历史地看这样一个现象，我觉得一个城市的发展根本还是守正跟初心的结合。推动一个城市真正在全球化竞争的舞台上欣欣向荣的力量，历史传承是一个方面，但更应该看作是城市不断拥抱变化、开放自我和努力创新的结果。从近代史上看，广州作为中国商都的地位跟当年的开放是分不开的，改革开放以后，尤其是1984年中国规划14个沿海开放城市，拉开了广州新一轮开放的序幕。开放是广州的标签，领风气之先是一个历史事实，但今天中国全境都已开放，在方方面面竞相创新，广州也要增强自己的忧患意识，所以我也很希望看到这次的《财富》全球论坛成为广州从新的视角上开放创新、再领风骚的一个标志。

南风窗：广州和上海是您工作和生活时间最长也最熟悉的两座城市，可否比较一下这两座城市有哪些不同的特点？站在为广州思考未来的角度，上海有哪些方面是值得借鉴和学习的？

秦朔：在不同时代城市表现出来的特征不一样。惯常而言，大家对上海的印象是城市管理现代化、文化氛围国际化，这是它多年来积攒下来的优势，但是市场活力似乎就不太够；而广州是以市场活力见长，但整个城市管理的现代化以及文化氛围的国际化程度可能不如上海。这是过去很长一段时间形成的一个基本判断，但在时空条件转变以后，情况也在发生变化。

有些条件优势是天然的，它不仅仅取决于一座城市自身的努力，也取决于城市的利益相关者共同建立的城市资源配置条件，这就是形势比人强，我们看上海的特点就可以清楚地理解它。上海是直辖市，而且是长期的中国经济中心，今天中国的主要的，特别是金融领域的要素市场就是放在上海。它是金融中心、航运中心、贸易中心还有全球科创中心，某种程度上说是国家使命的一个载体，可以说是倾国家之力给了它很多天然优势。而现在的经济竞争，很大程度上说取决于资源集聚、辐射和服务能力，比如纽约跟我们没有直接的关系，但事实上我们都在接受纽约的服务，因为你要买美股。上海也是这样，某种意义上说全中国的人都在给上海做贡献，每天都要关心上海的石油市场、黄金市场、期货市场、外汇市场、人民币的同业市场，还有证券市场等，这些要素的集聚具有不可比性，这是上海得天独厚的优势。这些优势产业都属于高端的现代服务业，很多全球化的高端人才会在上海聚集，因此人员的国际化程度自然就高，所以它是世界500强企业总部、地区研发总部、外资企业的法人注册地的优先选择。

对比而言，广州在建立城市的中心地位方面受到的先天局限就要大一些，但仍然保证了中心地位的形成，仍然扮演着非常重要的角色。我认为，广州未来要在两个方面继续强化：

一个是现代服务业功能的打造，缺了这一项功能也可以成为极具特色的城市，但很难成为对全球有积极影响力的城市，这是由服务业的特点决定的，《财富》全球论坛事实上就是这一努力的体现。

另一个是要在区域内的分工合作中体现自己的资源优势。广州有长时间沉淀下来的商业文化，风气上务实进取，民营企业有很好的发展条件，这些都是广州的优势。不过整个珠三角都是这样的，周围百花齐放，这一朵花就没有那么艳丽，优势就显得不那么突出，这就要求我们跳出广州看广州，不要简单地跟人去比拼同样的东西。

（李少威）

对标世界一流，保障企业家权益

专家简介

向松祚，中国人民大学国际货币研究所理事和副所长，国际货币金融机构官方论坛（OMFIF）顾问委员会成员、研究委员会成员，中国民生研究院特约研究员。在国外游学期间，曾深入研究西方经济学经典著作，深入研究美国经济史和全球金融史，尤其是国际货币制度演变之历史。

导　读

我在研究全世界的创新开发体系时发现，做得好的城市里，企业家和科学家是感受不到政府存在的，感觉不到掣肘的。为什么当下全球最好的研发中心、创新之地在“硅谷”？很大一部分因素就是因为加州的环境宽容自由，政府有着良好的行政效率，不插手企业事务，这是我们需要学习的。

向松祚本科毕业于华中科技大学机械工程系，之后留校任教。和他说话，也能明显感受到他身上的“工科男老师”气质——朴实、真诚、嗓门大。初见向松祚的时候，你无法想象面前站的是一位经济学家。

改革开放，市场经济生机勃勃，各方思潮涌动。向松祚也一样，在教学的闲暇时候，对经济这门学问起了兴趣。业余研究不过瘾，他索性辞去教职，去了经管圣地——中国人民大学（以下简称“人大”）攻读经济学硕士与博士学位。

五年之后，获得人大经济学博士学位的向松祚改变了职业方向。他看到南方的机会，果断南下，先后在深圳市物业发展有限公司和中国人民银行深圳特区分行工作，曾任中国人民银行深圳特区分行计划资金处副处长、货币信贷处副处长、金融债权管理办公室主任等职，负责计划资金的管理调度，主管信贷资金的流动方向，审批金融债权的合法程度。

经济经济，经国济民。工作之余，教学经历培养出的良好习惯也让向松祚持续进行国家层面的宏观经济学术研究。1997年亚洲金融危机期间，他与朋友张庆昉，详尽总结各国金融危机之教训，合著《金融危机与国家利益》。

1998年，为了进一步研究国际金融制度和货币体系运作，向松祚辞去中国人民银行职务去美国游学。在哥伦比亚大学，他跟随诺贝尔经济学奖获得者、有着“欧元之父”之称的罗伯特·蒙代尔学习。他后来翻译出版了《蒙代尔经济学文集》，在市场上大受好评。

2018年5月，《南风窗》记者在广州的第三届珠江财富论坛上对向松祚进行了专访。

保障企业家利益

南风窗：2018年是中国改革开放40周年，改革开放创造了举世瞩目的“广东奇迹”，得风气之先的广州靠改革开放腾飞跨越。目前，我国一、二线城市开始了新一轮的城市竞争，且在人才、资本、政策上竞争激烈。您认为广州在未来可以采取哪些策略来进一步提高城市竞争力？

向松祚：我认为关键是吸引人才，不仅仅是吸引中国的人才，还要吸引全世界最优秀的人才到广州来，这是政府需要考虑的一点。

吸引人才最根本的不是给予多少待遇与津贴，而是在照顾好孩子入学、医疗支持、社会保障等方面的基础上，政府要为人才提供一个宽松的环境。简单来讲就是只要人才不违法，你就不要去干预他，让他自由地发挥长处。广州在最近几十年可以说是做得非常好的，广州国际人才交流协会里面有很多“千人计划”专家，也包括海外的著名科学家。我参加过其中一届，与成员交谈时我发现，他们大多数人对广州都比较看好，这在侧面也说明广州做得非常不错。

广州作为宽容度高的国际化城市，竞争对手更广。不只是国内的北京、上海、深圳，还可以是新加坡、伦敦、纽约等城市。在我看来，城市是人类文明的结晶，你拥有世界上最优秀、最多的人才，那你这座城市一定是发展最好、最快的。最高级的人才汇聚的地方，资本也一定会涌入这里。

我在研究全世界的创新开发体系时发现，做得好的城市里，企业家和科学家是感受不到政府存在的，感觉不到掣肘的。为什么说当下全球最好的研发中心、创新之地在“硅谷”？很大一部分因素就是因为加州的环境宽容自由，政府有着良好的行政效率，不插手企业事务，这是我们需要学习的。现在很多城市提出“办事只要来政府一次就可以了”等口号，当然这是个很大的进步，但是相对于世界一流城市来说，仍属城市建设的初级阶段。什么事都找政府，按照经济学的术语来说，这样的交易成本就太高了。

南风窗：您是研究宏观经济的专家，如果视角再放大一点，从广东广州转到中国，您认为我国在深化改革、扩大开放中，当务之急需要做些什么?

向松祚：对产权的保障，特别是对企业家私有产权的保障，对知识产权的保障。只有保障完善，才能够真正地激活社会中的企业家精神。改革开放40周年，中国创造世界经济增长奇迹，我认为最重要的因素就是企业家精神的发扬光大。我国改革开放的经济成果，从根本来说是企业家创造的。

企业家，是人类社会中的一个非常特殊的群体。并不是每个人都可以当企业家，除了敢于冒险、有实干精神，企业家需要一种可以调动各种资源的综合能力。对于这一对社会有重大贡献的群体创造出的企业、财富、技术，政府应当给予最好的保障。企业家在这片土地上创造了财富，但如何吸引他们的财富留在这片土地上，这是中国政策决策者们需要深思反省的地方。

回顾改革开放40年的历史，我认为我们在保障企业家的权益方面需要继续坚持，争取做得更好。

金融开放关键在资本账户

南风窗：关注到您最近参加了2018年金融街论坛年会，在会上您谈到了我国金融业的一些问题，以及未来需要修正的方面。您能进一步介绍下我国金融业的现状，以及面临的问题和解决方案吗?

向松祚：第一，金融业脱实向虚，这是中国经济面临的最大风险。第二，金融乱象相当突出。第三，金融监管有待加强。这三句话是我对当下中国金融业的概括。

我们要重新深刻反思金融业到底该怎么办，到底该怎么搞。脱实向虚这个问题如何解决？从宏观方面我有三个建议：第一，从宏观上解决国有企业和地方政府的信贷软约束的问题。过去讲国有企业有财政软约束，地方政府有财政软约束，但是这些年大家看到，地方政府、国有企业除了财政软约束以外，更重要的是信贷软约束。目前的情况是，它们借多少钱都不用担心偿还。所以我们可以看到，社会融资总额超过一半被国有企业拿走了。这样的信贷结构当然不合理。所以从2009年开始，信贷规模迅猛增长、社会融资总额飞速增长、广义货币供应量（M2）飞速增长，但中小企业贷款依然非常难。这个问题不解决，市场就很难在资源配置中起决定性的作用。

第二，金融监管真正做到一视同仁。既然说要让市场在资源配置中起决定作用，那么国有企业和民营企业中的大、中、小企业就必须在一个监管平台上，外资、内资也要在一个监管平台上。只有真正做到这一点，中国才有可能成为全球性的金融中心。

第三，现在讲金融开放有一个最根本的问题，就是资本账户。坦率地说，要成为国际金融中心，资本账户必须开放。但是现在因为我们内部金融风险很大，所以对资本账户开放十分谨慎，这难以吸引到国际资金长留国内。资本账户怎么真正做到开放？就需要国内市场的监管和开放达到国际水平。

半导体产业仍需坚持市场导向

南风窗：中美贸易纠纷中，也涉及了中兴公司。您能结合我国半导体产业的发展，谈谈您对这个事件的看法吗？

向松祚：我认为不能把中兴事件和中美贸易纠纷完全捆绑在一起。因为它毕竟是一个单独公司的事情，中美贸易纠纷还涉及更多的方面。过去40年，中美贸易额增长非常快，增长了233倍。在20世纪八九十年代，中美贸易出现过摩擦与争端，但是特朗普当选总统后的贸易纠纷规模之大是史无前例的。

从这个事件中，我们可以看出中国在某些核心技术的掌握上与美国还存在较大差距。但是我并不支持因此就投入巨大国家力量去攻克这个难关。一方面，芯片制程、型号、版本各种各样，如果不交给民营企业，单靠国家攻克的方式来做的话，往往会跟不上迅速变化的市场形势。另一方面，增加国家投入，增加对企业补贴的行为在以往的历史来看，效率不高，而且也不排除会出现骗取国家补贴的不良企业。

南风窗：以杭州、成都、南京、武汉为代表的中国新一线城市迎来了新一轮的房价上涨，不少城市纷纷出台“摇号”限购政策，但房价仍然遏制不住涨势，城市里生活的年轻人买房压力很大。我关注到您之前也有发表过“年轻人不应该过早买房，应该租房”的言论，但是不少人会认为如果不早点买房，以后的房子会更加买不起。针对当下情势，您仍然保持“年轻人应租房”的观点吗？

向松祚：我针对房价的问题不止一次在公开场合说过，中国的房地产政策是中国十多年以来较大的问题之一。把GDP增长绑架在房价上，这是一种短视行为，这对中国的未来有负面影响。

拿高端制造业来说，科研的主力是哪些人？是年轻一代！世界范围内，做出重大科研成果的都是20岁至40岁的青壮年科研人员。而中国这个年龄段的大学生、研究生、博士生、企业与政府的科研人员有多少可以没有买房压力，安下心来做科研的？

我们希望房地产价格在未来可以缓慢地下降，但是现在看起来，这个希望比较渺茫。在这个大的环境下，年轻人该怎么办呢？我原本说过要立法规范和完善租房市场，但是现在来看，租房的价格也变得非常高昂，这是个很痛苦的现实。

眼下，一个农村出来的大学毕业生面临的社会现状就是很难留在一线城市，他们即便可以养活自己，也很难在这座城市扎根。如果我是这样的年轻人，我会暂时选择租房，有一定积蓄后再进行创业，这样能够保持一定的生活品质，然后做自己的事情，这对年轻人是最重要的。

（胡万程）

金融中心的后发优势

/专家简介/

孙立坚，复旦发展研究院金融研究中心主任，长期从事上海国际金融中心以及上海自贸区建设方面的政府决策咨询工作。在日本一桥大学获得商学博士学位，长期任教于复旦大学经济学院，多次赴纽约、伦敦、东京和香港等地考察国际金融中心建设。

/导　读/

改革开放以来，广州一直是中国市场化程度极高、民间市场意识极强的城市。在这个意义上，它要发展任何一个行业，都比其他很多城市拥有更好的、软性的“市场基础”。这些年，中国经济特别是一线城市的经济，经历了严重的货币化浪潮，但广州经济的货币化成本并没有这么高，它的资产泡沫在一线城市中并不算严重。这是广州发展金融业和其他产业的一个重要基础。

全球金融中心指数（GFCI）是全球最具权威的国际金融中心排行榜，由英国著名智库Z/Yen集团发布。自2007年3月首次发布起，每半年更新一次。2017年3月27日，全球金融中心指数第21期报告发布。中国内地有上海、北京、深圳、广州、青岛、大连六个城市进入榜单。广州首次进入全球金融中心指数体系，评分达到650分，全球排名第37。

广州并非传统的金融中心，本次为何后来居上，入选榜单，并成为新兴金融中心？在粤港澳大湾区的整合中，广州将如何发挥自己独特的金融优势？下一步，全球金融市场的变局如何？广州又将如何从这些变化中获取发展先机？为此，《南风窗》记者采访了复旦大学教授孙立坚。

欧洲大陆金融中心为何下滑

南风窗：本期排名的一大趋势是，亚太区金融中心逐渐赶超欧美区金融中心。排名前20的金融中心中，亚太地区数量已超过1/3。对比而言，欧美区中的西欧地区，其金融中心成绩直线下滑，29个金融中心有16个评分下降。这是为什么？

孙立坚：全球金融中心的格局，从根本上来说，它是和全球经济的格局相匹配的。从经济总量来看，当今世界，越来越形成了美国和中国的“双头模式”，它们分别位于亚太区域的东西两端，这保证了这一区域必然在全球金融领域拥有独一无二的地位。

日本是世界第三大经济体。如果加上日本，那么整个亚太区的经济总量是任何其他区域都无法比拟的。强大的区域经济作为基础，各个金融中心的后劲也更足，排名上升，这是一个正常的现象。

南风窗：在前20位中，竟然没有看到法兰克福。前10位中，没有一座欧陆城市，苏黎世只排在了11位。欧洲大陆的金融中心排名为什么下滑这么严重?

孙立坚：最主要的原因还是欧洲大陆自身的危机。首先，欧洲的主权债务问题一直没有解决，欧债危机从2007至2008年爆发，至今差不多十年，但今天欧洲还在辩论希腊救助的问题。

在我看来，欧债问题的解决早已错过了最佳时间窗口，问题会变得很难解决，只会不了了之。一开始，德国始终反对向美国学习，反对搞量化宽松，要求希腊这样的国家严肃财政纪律。但这根本不现实，就像一位病倒在床的病人，你却要他马上起床去锻炼身体，这根本没有可行性。后来，德国才作出妥协，欧洲央行开始购买希腊、葡萄牙、西班牙、意大利、爱尔兰的国债，对这些国家进行融资支持，但为时已晚。

欧盟最主要的症结是，它的货币统一了，但财政却没有统一，这是一个先天的缺陷，目前依然找不到解决的方法。

此外，欧洲还面临严重的难民问题，恐怖袭击愈发频繁。在这些因素叠加之下，欧洲的金融市场和金融中心未来可能继续被看空。

南风窗：英国脱欧，当时市场都认为这将影响伦敦的金融中心地位。但现在，伦敦继续高居榜首，您怎么看?

孙立坚：我的观点有点不一样。很多人认为，脱欧会削弱伦敦的金融中心地位，我认为刚好相反。即便英国脱欧，欧洲甚至全球的资金依然会流向伦敦，因为这里市场发达、交易顺畅、产权保护措施世界一流，是全球不可多得的财富管理中心。

英国脱欧，反倒可以看成是英国摆脱了对欧洲大陆的财政和金融负担，可以让伦敦这一金融中心发展得更好。

而且，英国的脱欧也极大地打击了欧洲大陆的经济。英国没有什么制造业，它是德国制造业的主要市场之一，“德国需要英国”的程度要远高于“英国需要德国”。

当然，我们也不能忽略，这个排名是英国人的排名。伦敦高居榜首，有没有其他的因素，外人无从得知。

金融中心需要开放的金融市场

南风窗：亚太区的进步是明显的。东京排名很高，您曾求学一桥大学，对日本应该比较熟悉，您认为安倍经济学对东京的金融中心地位有何影响?

孙立坚：在这个排行榜中，一个值得注意的现象是，东京的排名在上升。以前，东京经常被排到十名之后，但这次排到了第五。为什么？日本这些年发生了什么事情？

安倍经济学，大搞宽松政策，好像是历史倒退，但另外一个不被人们关注的问题是，日本的金融开放程度一直在变大。

2008年的金融危机爆发后，一些国家采取了闭关策略，即对外严控资本外流，对内加强管制，解决了国内金融市场的问题，但过剩的流动性却催生了国内严重的资产泡沫。日本却不一样，它反其道而行之，继续保持市场的开放，这等于给了全球资本以最大的信心。

现在，全球的两大避险货币已经不是美元和欧元，而是美元和日元。而你必须知道，日本一直搞量化宽松，从常理讲，这意味着日元会贬值。但实际上，和人民币相反，日元却有很强的升值动能和预期。为什么？这是全球的投资者越来越多地将日元作为避险货币的现实使然。

南风窗：看来，一个国家主权货币的稳定，对这个国家建设金融中心意义重大。

孙立坚：当然。现在，全球金融市场越不稳定，美元和日元就越安全。一个国家的货币为什么安全？它必须以最好的资产为信用背书。

美元为什么安全？除了美国国内经济的因素之外，美国掌握的黄金全球最多。日元为什么安全？日本掌握的海外资产最多，很多都是全球最顶尖的资源类公司、金融公司的股权。

此外，面对全球金融动荡，东京的确有点“因祸得福”。但另一方面，我们也应该认清金融中心的建设，它是以经济的提振为前提的。

安倍经济学被一些人质疑，但它也有它的价值，它对提振日本国内经济是有好处的。比如，搞宽松货币让日元贬值，这会促进日本的旅游业发展，也会推动日本出口产业的重振。当然经济变好、金融中心排名上升，也是水到渠成。

金融中心不靠税收优惠

南风窗：现在，国内到处都在搞金融中心，有些地方希望效法香港，把金融高管的个税降到15%。您曾有个观点，不支持通过降税的方式来实现建设金融中心的策略。怎么理解？

孙立坚：香港是个特殊个案，纽约和伦敦金融高管的税负都比香港高，并没有什么税收优惠。金融机构最看重的不是税收，而是交易的便捷性和财产的安全性。

我们简单理解，拿交易便捷性来说，金融机构每天都面临着交易的压力，一旦金融市场有好的机会，那么它就要马上交易，获取利润。而这些利润足以覆盖税收成本，税收对它们来说，并不是最高的成本。

如果一个地方有很多管制，比如外汇兑换的审批、资本境内外流动的审批，以及各种融资的限制，那么金融机构就会避而远之。

如果希望通过降税，不管是降低个税，还是企业所得税，或者交易税来吸引金融企业，最后这个地方只会成为一块套利热土。金融资本不像产业资本，它们区域流动的成本很低，一旦套利完毕，你的政策优势不再，那么它们就会立即离开。

我支持降税，但支持的是给实体经济降税，而不是金融业。没有实体经济，哪里来的金融业？

南风窗：对，没有实体经济，金融便是无源之水，可是现在这个道理在市场里面却不怎么吃香。

孙立坚：很多人认为，中国的金融业没有支持实体经济发展。其实在我看来，也可以理解为2008年之后，实体经济并没有给金融业以发展的机会。

南风窗：的确如此，现在中国金融业已经大幅度“房地产化”。银行的资产膨胀靠地产，很多所谓金融产品的创新，最终为这个产品提供现金流和收益资产的，都是房地产。

孙立坚：这是个严重的问题。金融的自我交易是必要的，但最终它是服务于实体经济的。房地产泡沫最终也会危及金融业的发展，堆积起系统性风险。

目前，中国更倾向于房地产市场的“软着陆”，而不是像日本那样的“硬着陆”。但我们也不应该忽略，金融危机爆发后，我们一直靠着严格的资本管制，维持了内部金融市场的稳定。很多改革，后面还需要慢慢地推动。要发展金融业，要建设金融中心，以改革推动市场的不断开放，这是必要的。

广州发展金融业有独特优势

南风窗：在一线城市中，广州地租成本最低，金融业也发展很快。2017年，广州首次进入全球金融中心指数体系，全球排名第37。您认为广州发展金融业有什么优势?

孙立坚：首先，地租成本对金融业非常重要。虽然有的金融业，比如那些高杠杆的金融交易是不怕高成本的，因为它们的利润足以覆盖高成本，但那些和实体经济密切联系的金融业是怕高成本的。比如，一些贸易融资，它们是以实体的交易为基础，并不是单纯的“钱生钱”游戏。

在粤港澳大湾区，香港和深圳的地租成本已经非常高，这对广州必然会有着“溢出效应”。不但对实体经济如此，对金融业来说，也是如此。现在已经有了这种变化，一些香港、深圳的金融公司开始在广州设立分公司，甚至总部。

粤港澳大湾区的交通优势太明显了，香港、深圳到广州之间，未来都只要一小时即可通达，三座城市的“同城效应”只会越来越明显。人和资金朝广州转移的趋势正在发生，这背后是市场的力量。

南风窗：在金融业的银行业、保险业和证券业这三大分支之中，广州的保险业发展较快，“上海第一民企”复星就刚在南沙设立健康保险公司总部。保险业是否是广州集聚金融资产应该抓住的突破口?

孙立坚：西方金融业的发展历史中，保险业一度领先于银行业。现在，保险业可以说是中国金融业的朝阳产业，中国人开始变富以后，保险成为一种非常有效的资产配置工具。广州保险业的发展，说明广州对区域内的财富集聚效应正在发生。

保险业和实体经济的联系远比我们想象得密切。健康的金融业是附着于实体经济的，把一个实体产业的产业链“吃透”，那么这一特定的金融板块就一定能做大。

西方保险业的重要起源是航运保险和货物保险，现在，中国是出口大国，但贸易领域的保险产品开发还显得不足。广州是外贸大市和实体经济大市，这一块应该也有很大空间，保险业完全可以开发出更多的金融产品。

南风窗：不可否认，广州金融资产的集聚比不上北京和上海，那么广州在建设金融中心的路上，如何做好自己，发挥优势?

孙立坚：改革开放以来，广州一直是中国市场化程度极高、民间市场意识极强的城市。在这个意义上，它要发展任何一个行业，都比其他很多城市拥有更好的、软性的市场基础。

这些年，中国经济特别是一线城市的经济，经历了严重的货币化浪潮，但广州经济的货币化成本并没有这么高，它的资产泡沫在一线城市中并不算严重。这是发展金融业和其他产业的重要基础。

另外，这两年来，广州政府也做了很多努力，在营造营商环境、改善投资服务等方面大有作为。

不可否认，广州曾是改革开放的先锋阵地，但20世纪90年代之后，长三角等地的开发产生了严重虹吸效应，人才和资本曾一度流出广州。但随着其他一线城市营商成本的高涨，情况又在发生改变。广州的金融业发展没有“先发优势”，但只要抓住机会，就可能会有“后发优势”。

（谭保罗）

大胆布局人工智能前沿研发

专家简介

郑伟诗，中山大学机器智能与先进计算教育部重点实验室副主任，中山大学数据科学与计算机学院智能科学与技术研究所副所长，中山大学“百人计划”（2011年）人才，广东省引进创新科研团队计算科学科研团队核心成员。研究方向是机器视觉与智能学习。

导 读

人工智能产业正在成为当今世界经济发展的最重要风口之一，广州将理所当然地成为IAB计划（即发展新一代信息技术、人工智能、生物医药等战略性新兴产业，打造若干个千亿级产业集群）的主要承担者之一。当前，广州正着眼进一步提高城市吸引力、创造力和竞争力，着力实施IAB计划。南沙，作为广州城市副中心，成为其IAB五年行动计划的重要承载区。未来，广州将聚焦人工智能产业，力争打造千亿级人工智能（AI）产业集群，循着世界产业趋势谋划自身发展。IAB，就是广州的“道”，也是南沙战略发展之“道”。

互联网时代的“风口论”总是一个接一个。当人工智能的“气旋”开始逐渐形成，没人能对这场“准台风”视而不见。而这一即将席卷西太平洋的台风形成轨迹，在中国就是如今的经济与产业形势——人口红利逐渐消退的同时，债务水平持续走高，经济增长过于依赖基础设施建设。中等收入陷阱就埋伏在前方，维持经济高增长才有望从这个陷阱上一跃而过。靠正常步伐是跳不动的，另辟蹊径的“创新”作跳板才有希望。跳板怎么搭？持续提高劳动生产效率，对传统产业进行技术改造，促进传统产业转型。

同时，中国已迅速崛起为人工智能领域的一个全球领军者，具备了一定的结构性优势。比如，海量的极具价值的数据；实力雄厚的企业和实验室，大批顶尖的科学家；由生机勃勃的科技初创企业组成的成熟生态系统；真切的推进人工智能议程的政治意愿。

广州统筹全局，南沙一马当先。2017年7月20日，国务院印发《新一代人工智能发展规划》。广州市政府响应国家号召，提出IAB计划。

自2017年以来，南沙连续承办“广州人工智能圆桌会”“大湾区人工智能峰会”等高端会议，先后和63家全国乃至全球知名人工智能相关企业进行项目落户洽谈，至今已经有超过30家完成落户。截至2018年5月，南沙有近100家人工智能企业落户，覆盖整个产业的所有领域。未来，广州将如何应对科技与其他产业带来的前所未见的变革？南沙，作为广州城市副中心，又将如何发力？为此《南风窗》记者专访中山大学机器智能与先进计算教育部重点实验室副主任郑伟诗。

南风窗：我们如何理解人工智能，以及它的发展？现在的人工智能系统是怎么样的？

郑伟诗：人工智能还有很多方面需要发展，目前人工智能更多是数据驱动的，在推理等深层次的内容上还是初步，离所谓的强人工智能还很远。一般认为强人工智能是拥有推理和解决问题能力的，并可能产生带有自我意识和思维的智能系统。

现在，有很多能回答问题的机器人及人工智能问答系统。但这些人工智能系统（机器人）需要依靠并基于优秀的、背后庞大的信息检索技术和数据库，程序往往通过数据挖掘技术寻找问题的关键字等信息，并用统计学等度量给出答案，而不是对问题进行理解和推理。比如，有些程序能答出“刘备的军师是谁？”，但不一定能答出“诸葛亮是谁的军师？”。按照我们的理解，这两个问题是同一个知识点，你会答其中一个，另一个也会答。但大多数程序并没有知识点的概念，它没有理解和推理的过程，能回答其中一个，但另一个它可能答不上来。当然，最近也出现类似VQA（Visual Question Answering，视觉问答）这样的基于深度学习的技术，但其也大量依赖于训练数据，对于开放性的问题还是难以应对的。

南风窗：有人说“深度学习”是我们最好的人工智能技术。这是对深度学习的批评还是赞扬？我们应如何看待结合深度学习、计算机视觉和记忆等方法来开发更完整的人工智能，及其产生的影响？

郑伟诗：不能否认，“深度学习”最近几年确实大幅度推动了人工智能相关技术的发展与应用。

深度学习模型与其他大多数机器学习模型的最大不同是，它对训练数据的容纳能力强。在数据规模变大后，很多传统的模型往往并不能很好地提升它们的性能，或者不适应大规模数据的计算，反而可能会大大增加时间和空间的成本。在大数据蓬勃发展的这个年代，“深度学习”是一种不可被忽视的技术。

对于如何开发更完整的人工智能，我给你们举个例子：如果输入一张图片，人工智能系统能根据图片的内容，结合以往的“记忆”，输出一段故事，那么我觉得这会很有意义。这其实跟“看图说话”的问题很像。当然在实际中，我们还需要结合多模态信息，比如语音等非视觉信息等来设计更强大的人工智能系统。

AlphaGo（阿尔法狗）背后的DeepMind团队现在已经有一个可以使用外部记忆系统超越深度学习的人工智能程序了。这个程序的特点是给深度学习系统本身加上了“新型的记忆”，DeepMind团队认为要想让程序具有推理功能，有“更特别的记忆”，而不仅仅是对训练数据的概率统计是有帮助的。长远来看，它能够被应用到需要在大量数据中建立关联关系的实际任务中，这种拓展将有助人工智能水平的提高。

南风窗：为什么人工智能通过标准考试被称为这项技术的重大进步?

郑伟诗：标准考试实际上是多个复杂的问题的组合，包括自然语言理解、计算机视觉等。你会发现，很多人工智能的任务和标准考试还是有差别的，但是我们可以对这些任务作一个变换，变换成类似标准考试的任务，或是其中的一个子任务。换句话说，只要你能完成标准考试这个任务，那么很多其他的任务你可能都能完成。

南风窗：有人说实现人类水平的人工智能至少还要25年的时间。人类水平的人工智能是什么意思？为什么会有这样的时间框架?

郑伟诗：人类水平的人工智能与当前的所谓的人工智能最主要的区别在于前者不是只能解决一类特定的问题，而是像人类一样拥有归纳

（从特殊到一般）、演绎（从一般到特殊）、类比（从一般到一般和从特殊到特殊）的能力。从我个人观察看，是否需要25年或用25年是否可以达到人类水平的人工智能，目前不重要，关键大家要看到目前的人工智能还是以弱人工智能为主，是“人工的智能”。因此我们不能满足于目前人工智能技术取得的成就，应该看到要达到真正的强人工智能还有很长的路要走。我们需要继续在这方面加强基础研究的投入，这样或许可以更早实现人类水平的人工智能。

南风窗：在人工智能有缺陷的情况下，自动驾驶汽车是一项值得应用的技术吗?

郑伟诗：是的，我个人非常欣赏这个技术，因为我是不会开车的，所以这种技术可以帮我实现开车的愿望。自动驾驶汽车是一项十分有应用前景的技术，它的应用场景不仅仅是协助人类的日常驾驶，还包括了市场巨大的货运、公共交通等场景。当然自动驾驶汽车技术受政策影响比较大，但也正是政策可以弥补一些人工智能的缺陷，比如允许在高速开辟专用车道供自动驾驶货车进行全自动的货物运输。

南风窗：Google、Facebook和其他科技巨头合作建立了Partnership on Artificial Intelligence to Benefit People and Society，组织为人工智能研究设定最好的道德实践。是不是人工智能技术已经发展到足够的程度了，让它们能进行有意义的对话? 如何保证人工智能项目会合乎法律与道德地推进?

郑伟诗：人工智能的发展程度还远不及大多数人们想的那样，但是，我们不能等到强人工智能来临奇点的时候，才研究人工智能伦理问题。如果真存在所谓强人工智能和所谓的奇点，那时可能为时已晚。

保证人工智能项目会合乎法律与道德地进行，这是一个很重要的问题。虽然当前人工智能都是程序设定的，但不排除学习和更新过程中出现差错，比如，之前的微软聊天机器人Tay事件。毕竟，目前人工智能还主要处于弱人工智能时代，无法完全避免法律和道德纠纷，所以一般情况下，大众可以给多一点容忍，建议政府也加以监察。

南风窗：广州城市副中心南沙被称为“未来之城”，致力于打造人工智能城市，引入智能仓储、E通关等，还在基础建设方面实施共享交通、人工智能的路灯等，您认为广州在发展人工智能方面有什么优势？您是否看好南沙的人工智能发展？

郑伟诗：相比于深圳、北京和上海，广州人工智能领域的企业确实还不够多，在这方面的发展有许多地方需要加把劲。但是，广州又是高校林立的地方，有大量的人才资源。广州要充分发挥好高校多、研究机构多和人才多等优势，推动人工智能技术和产业的突破。

广州现在还提出IAB计划，这对推动人工智能技术和产业的发展很重要。在这个节点上，南沙的发展可以很好地结合人工智能技术，把规划做好，充分利用广州在人才资源、物流、政府管理与政策等方面的优势。因此，南沙的人工智能发展是相当有潜力的。

南风窗：一个地区要发展人工智能需要具备哪些条件？广州还需要做些什么？

郑伟诗：人工智能的发展，最重要的是要有人才，同时还要政府的政策和资金相互配合，营造一个人工智能研究的氛围，共同促进人工智能的发展。广州要做的就是发扬自身的优势，吸引更多的资金和人才，形成政策、资金、人才的良性循环，并大胆在人工智能前沿项目研发上做布局，发挥后发优势。

（荣智慧）

第四辑

善治密钥

“广州奖”将推动全球善治

/专家简介/

博娜蒂娅·坦德拉德薇（Bernadia Irawati Tjandradewi），世界城市和地方政府组织（UCLG，简称“城地组织”）亚太区秘书长。

/导 读/

人们都知道，在很多地区，一些新的政策或者治理方法并不一定有很好的延续性，有的甚至没有实施就已经搁浅，这和这些地区的政治气候和政府部门的执行力密切相关。因而，我们更关注的是，一些已经取得成效的城市治理创新方式，是如何延续和发展的。在没有“广州奖”时，这件事看起来似乎不可能。而有了“广州奖”之后，我们就充满了信心。

城地组织亚太区秘书长博娜蒂娅，2015年访问广州时出席了首期国际城市创新领导力研讨班活动。《南风窗》特约记者专访了博娜蒂娅。

南风窗： 您对广州近几年推动城地组织方面所做的努力有什么评价？对其中的哪一方面表现特别赞赏？

博娜蒂娅： 广州是UCLG的联合主席城市，在UCLG里扮演着非常重要的角色。UCLG一直致力于推动不同领域的创新，尤其是城市治理方面的创新。

2012年，广州创办了这个以城市名称命名的广州国际城市创新奖，为我们和会员城市搭建了一个分享智慧的平台。这一举动非常具有前瞻意识和国际视野。这一个平台，对地方政府之间的相互了解与协作，起到了举足轻重的作用。事实上，这也是以一种创新的形式在促进城市间的经贸、旅游、环保等各个方面的合作互惠。

我个人认为，在这个时候，以“广州奖”的项目作为样本展开研讨会，恰是一个理想时机。2015年9月，联合国刚开了一个筹备会议，商讨联合国第三届人居会议的议题。这个会议非常重要，每20年举行一次，每次举行商定未来20年新人居议程。筹备会议上，我们梳理出165项与人居相关的议题，当中有65%与地方政府相关，由此可见“广州奖”这个平台对世界城市的重要作用和意义。

南风窗：秘书长曾多次来穗，对广州在城市创新和城市治理方面有什么看法？有什么印象深刻的地方？

博娜蒂娅：因为工作，我先后三次来到广州。这真是个让人回味无穷的城市！这里最吸引人的，无疑是各种美食。而这里市民自由自在的生活景象，更是令人流连忘返。

我个人最赞赏这里的公共空间建设。行人道平整宽敞，周边点缀花草树木，生机盎然，让路人心情大好。而那些社区里开阔的广场，人们在那里享受着自己的生活，跳舞、打太极、玩轮滑，生活气息扑面而来。

南风窗：广州已经连续三届担任UCLG的主席城市，您认为它今后还有什么使命，或者说，再起怎样的引领作用？

博娜蒂娅：我们期望广州一如既往地保持与UCLG的合作，携手加强国际合作，为各大城市，尤其是亚洲城市的发展创造更多的机遇，开拓更多的合作可能。

当下，中国的“一带一路”倡议全球瞩目，广州应该充分利用其海上丝绸之路起点的历史和现实优势，在国际合作中充分展示自己。

作为国际机构，我们非常重视“广州奖”的平台、智库作用。利用好“广州奖”这个平台，一方面，我们可以将亚洲国家在城市治理方面的成功经验宣传和拓展出去，另一方面，通过研讨和合作避免一些西方国家所走的一些弯路。

我们期待，“广州奖”除了持续的发展以外，通过智库、研讨会等多种方式，充分挖掘“广州奖”参评案例当中的核心价值和可复制性，促进地区与地区之间的相互复制、学习与切磋。

南风窗：国际上，类似的研讨会、分享会都不少。对于这次分享会，您是怎样评价的？您认为哪些方面是亮点？

博娜蒂娅：我认为，这是一个激发领导人创新力的研讨会。人们都知道，在很多地区和城市，一些新的政策或者治理方法并不一定有很好的延续性，有的甚至没有实施就已经搁浅，这和这些地区和城市的政治气候和政府部门的执行力密切相关。因而，我们更关注的是，一些已经取得成效的城市治理创新方式将如何延续和发展。在没有“广州奖”时，这件事看起来似乎不可能。而有了“广州奖”之后，我们就充满了信心。

这一次研讨会和一般意义上的研讨会、分享会最大的差别在于，我们是手握实际案例来交流沟通，而不是就一些很宽泛的议题来大发议论。例如，我们探讨城市拥堵的治理，手上就拿着这么一个具体的“广州奖”方案来细致分析，参与者再站在各自城市的实际角度和发展需求上，批判地去深入研讨这个个案：它对我是不是适用？如果不适用，什么才是更好的办法？这给城市治理的各种力量，不单单是政府部门的决策者，还有社会组织、民间力量等执行者、参与者，带来一些灵感和火花。

我觉得，这个研讨会还将为大家梳理出一批“遗产”。放在学术的视野里，这批“遗产”是一个研究的模型；而放在实践当中，这批“遗产”就是一簇思想的火苗，点亮自己，照亮他人。

（谭秋明）

东京带给中国一线城市的经验与教训

专家简介

市川宏雄，明治大学城市政策专业教授，明治大学管治研究院院长，日本森纪念财团常务理事，全球实力城市指数报告（Global Power City Index，GPCI）负责人。除了研究东京的城市规划外，他的研究内容涉及世界各地，直接参与过一些国家的地域开发项目，例如伊拉克巴格达的都市更新、巴西亚马孙地区综合开发以及中国海南岛的城市建设等。

导读

随着国家整体实力的上扬，第三产业的比例会增大，而第三产业有聚集在一线城市的倾向，在一线城市会发展得更快。这样的事是曾发生在伦敦、东京与巴黎的。随着一线城市的持续建设，郊区扩展，容量增大，会持续吸引更多的人进入。二线城市的建设度由于人的涌入而提高，但是传统的一线城市仍然处于不可动摇的领先地位，城市综合实力会继续增强，传统一线城市与二线城市之间的差距短时间内不会填平。

半个多世纪以前，为举办1964年东京奥运会，日本政府耗资30亿美元重新规划东京的城市布局，新建了代代木竞技场、新干线，扩建了羽田机场、日比谷地铁线、首都高速道路、大仓饭店等。奥运会使得东京在城市现代化的道路上跨出一大步，奠定了其日后成为亚洲第一大城市的基础。

2020年，夏季奥运会将再次在东京举办，新一轮的大改造又将开始——磁悬浮中央新干线的修建、城市BRT系统的增添、筑地水产市场的搬迁、以六本木之丘为范本而新建的虎之门之丘复合建筑、奥运村的翻新、丰洲填海区体育场馆建设等，大兴土木的程度不输给中国。东京再次试图以奥运为钥匙，打开新一轮经济发展与都市更新的大门。

“东京”这一概念，包括不同层次的地域范围。最狭义的东京是指“东京都心”——千代田区、中央区与港区，总面积比广州的越秀区大三分之一；口语中东京指的是“东京23区”的东京都区部，一共626.7平方千米；“东京都”则是个行政专业名词，包括23个特别区、26个市、5个町和8个村，面积超过2000平方千米，由东京都知事管辖。

东京都市圈，包含东京都和埼玉县、千叶县和神奈川县，即“一都三县”。为了节约房租，居住在邻县，工作在东京都的“候鸟上班族”十分常见。都市圈内超过3600万常住人口，占日本总人口的28%。它是世界上最大的城市群，也是地区生产总值最高的城市群。如果把东京都市圈当成一个小国家，它的GDP总量要超过俄罗斯和印度，位于世界第8位。

长期以来，东京圈一直是全球范围内规模最大的都市区，且拥有全球最复杂、最密集且运输量最高的铁道运输系统和通勤车站群。由于得天独厚的经济、地理和文化优势，东京圈的发展一直呈现集聚的态势。

世界上比市川宏雄还要了解东京城市规划的人为数不多。自20世纪80年代开始，他就担任东京都知事铃木俊一的都市规划顾问。之后在每一任东京都知事——青岛幸男、石原慎太郎、舛添要一以及现任的小池百合子的麾下，市川宏雄都是其城市规划智囊团中雷打不动的主要顾问。

东京都市圈与中国一线城市都市圈——京津冀都市圈、上海大都市圈、粤港澳大湾区有着相似的地方，都包含着一线城市核心区、市域、卫星城区等层级，且同属东亚文化圈。东京作为一流城市的发展经验，对我国的城市规划与建设参考价值不言而喻。

2018年5月，《南风窗》记者就世界主流城市发展趋势、东京城市发展进程、中国城市未来发展方向等问题对市川宏雄进行了专访。

一线城市领先地位不可动摇

南风窗：2008年以来，森纪念财团每年都会发布“全球城市实力指数”报告。2017年的报告显示，世界综合实力前五名的城市为伦敦、纽约、东京、巴黎、新加坡。作为此项目的主要策划人，近十年观察下来，您觉得世界各大城市的发展有哪些显著的变化？未来的发展趋势是怎么样的?

市川宏雄：一个明显的变化就是综合实力前十名的城市中，亚洲城市的数量与位次在逐年升高。特别是新加坡的存在感非常强，它是其他新兴城市的榜样。北京、上海虽然还未达到前十，但是在这十年里的进步也很显著，尤其是经济指标。世界发展的重心逐渐从欧美转移到亚洲的趋势是明显的。

近年来多数亚洲城市经济快速发展，在经济和方便度指标上表现不俗，但它们还需提升软吸引力才能真正成为磁力城市。

亚洲城市的发展牵引点，现阶段毫无疑问在中国。北京、上海自不必说，珠三角区域的发展速度同样将继续保持领先。

南风窗：除了传统的“北上广深”一线城市，中国现阶段又提出新一线城市的说法，例如成都、杭州、重庆、苏州、西安、南京这些原本的二线城市也有跻身一线城市的势头，城市之间关于人才、技术、资本的争夺也很激烈。对此您是如何看待的?

市川宏雄：中国是个很大的国家，人口众多，当一线城市的建设未跟上人口涌入的速度，一线城市人口容量趋于饱和，自然会有部分人口移居到二线城市，这是非常自然的现象。我也去过成都、杭州、苏州，我觉得它们的发展很快，几乎每次去都有明显变化。

但是，随着国家整体实力的上扬，第三产业的比例会增大，而第三产业有聚集在一线城市的倾向，在一线城市会发展得更快。这样的事是曾发生在伦敦、东京与巴黎的。随着一线城市的持续建设，郊区扩展、容量增大，会持续吸引更多的人进入。二线城市的建设度由于人的涌入而提高，但是传统的一线城市仍然处于不可动摇的领先地位，城市综合实力会继续增强，传统一线城市与二线城市之间的差距短时间内不会被填平。

因此作为政府，不可避免地会面临地域之间的发展不平衡的问题。日本面对的是首都圈与地方城市之间的差距，中国面对的是沿海城市与内地城市的差距。日本现在80%的产业属于第三产业，多依附于都市圈。而中国的第一产业与第二产业仍占据较高的比例，二、三、四线城市与乡村仍处于城市化阶段，在这一方面需要政府提早进行调整与规划。

房价下跌曾影响东京地位

南风窗：2016年末，一部叫作《你的名字》的日本动画电影在中国很是卖座，电影中出现了很多兼具传统感和现代感的东京城市风景，给中国观众留下了深刻印象。您参与了将近30年的东京都政府的城市规划，东京近几十年来的城市发展理念，您认为最大成果与教训是什么?

市川宏雄：较早地确立了“世界城市”的目标，我觉得这是东京发展战略的最大成果。1982年政府发表“东京都长期计划”，20世纪90年代政府提出“我的东京都计划”，此间日本资本迅猛地走向世界，与世界经济深度融合。依托自身经济地位，东京成为亚洲乃至世界经济的管理中心之一。

同时，日本着力提升东京国际服务与沟通能力，举办了世界大城市首脑会议等一系列重大国际会议，与众多世界主要大都市建立友好城市关系，不断增强东京的城市软实力，强化国际社会对东京的认知，增强东京在世界范围内的存在感。

然而，20世纪90年代日本经济泡沫破裂后，东京遇到了不小的危机。高额的地价极速下降，导致投资者们的资产缩水严重，进而引发的经济停滞与衰退，对东京的世界城市地位产生了很大负面影响，东京都税收锐减、财政危机加深、人口不断减少和外流、高龄化导致劳动力不足等问题接踵而至。

此外，相比较于纽约与伦敦，东京的文化交流与交通层面就显得落后，仍有进步的空间。比方说，外国人在日本就不太好租赁房子，英语的通用度仍然不算高，铁路交通也显得复杂难懂，出租车价格过于昂贵，机场距离较远，这都是东京接下来需要解决的课题。

但是，如果参照2017年全球城市实力指数排行榜，你可以看出，东京的强势在于经济与科研方面，良好的治安也值得一提。

7000万人都市圈出现在哪里

南风窗：2020年东京奥运会在即，可以预想届时将有众多海外游客来到东京观赛与游玩，这将会给东京城市设施带来相当大的压力，对此东京都政府在城市建设上是如何应对的?

市川宏雄：虽说东京奥运会在即，但是作为城市规划者，我们着眼更多的是“后奥运”时期。也就是说，奥运结束后，为奥运花费财政支出建成和修缮的各种设施不能被闲置，而是需要继续使用。

将对日本产生最为深远重大影响的，我认为是磁悬浮新干线的开通。一旦开通，各主要城市间的通行时间将会被进一步缩短。东京到名古屋只要40分钟，东京到大阪只要67分钟。

通行时间缩短意味着什么？意味着原本相互独立的三个都市圈（东京都市圈、名古屋都市圈、大阪都市圈）将会结合在一起。关东、中部、关西将会结合成一个超过7000万人的巨大都市圈。是不是听上去有点像粤港澳大湾区？

这样一来，民众抱怨“奥运会这种国家项目只会给举办城市带来恩惠”的声音应该会小很多吧，地域之间发展的不平衡也可能因此消除。

南风窗：听说您和中国的缘分很深，在海南岛待过三年时间，支援过海南的城市建设。2018年是海南建立经济特区30周年，海南也将进行自贸区改革。请谈谈当年的规划吧。

市川宏雄：对，1984年至1986年，这三年我在海南岛。其实这是因为当时日本与中国之间的一个合作项目，叫作“海南岛综合开发计划”。日本政府派了一支由20位城市开发相关专家组成的队伍去海南岛做调查研究、写报告、提出开发方案，供中国政府参考，我当时就在队伍中。

可能没有太多人知道，海口的城市中心建设图纸、海口到三亚之间的高速公路图纸是我设计的，我还率先提出了把三亚建设成观光城市的方案。当时海南还不是省，是广东省的一个行政区，我清清楚楚地记得，每次提交调查结果的时候都是要来广州汇报工作的。

坦白说，我上一次去海南岛还是20多年前。当时海南岛的发展已经远远超出了我们的预期，如果现在有机会去海南岛，我恐怕都认不出来了。

全球“迁都”案例大多失败

南风窗：目前，中国已设立河北雄安新区，想把雄安作为北京非首都功能疏解集中承载地，缓解北京“大城市病”。日本也曾提出“迁都”设想，并在此后一直着手完善首都功能转移和新首都城市的规划，比如，东京都政府于1991年从都心的千代田区迁往东京都区部西侧的西新宿。但您一直都是坚定的迁都反对者，能谈谈原因吗?

市川宏雄：的确，行政和商业资源集中在都市圈中心，往往会导致一些“大都市病”，例如城市中心区地价高涨、职能单一化、通勤距离长导致的生活质量下降等，一定程度上也会影响圈内小城市的发展机会。但是大兴土木的迁都计划往往是表面上看上去很美好，实际上成功案例却很少。

除了巴西将首都由里约热内卢迁至巴西利亚促进了内陆开发，是成功案例外，其他大部分国家的迁都都成为低效率的行政行为，并未达到原本的目的。缅甸迁都至内比都，韩国迁都至世宗都是典型的失败案例。

我曾多次在公开场合表示过，将东京政治中心功能分离出去不能解决人口过密问题，因为在迁都过程中真正能够实现移动的实际上仅有60万人左右，不足首都圈3256万人的2%。而且迁都的花费极高，东京都政府的迁移费预估高达20兆日元，其过程极易滋生腐败问题。

当然，中国与日本国情不同，如果能解决高额的迁移成本，雄安新区的建设更主要的是承接北京过剩人口，同时疏解一些北京非首都的功能，而非单纯意义上的迁都。这样考虑的话，这种城市发展新模式的成果还是很值得期待的。

（胡万程）

要用大数据
打破“信息孤岛”

专家简介

涂子沛，毕业于卡内基梅隆大学，是微软认证高级程序员，曾就业于美国硅谷。著名信息管理专家、科技作家，《大数据》《数据之巅》作者。先后担任中国旅美科技协会副主席、中国旅美科技协会匹兹堡分会主席。曾担任阿里巴巴副总裁，分管大数据方面事宜。

导　读

我们一直讲要建设“服务型政府”，而对大数据的运用则是提高政府服务质量和效率的重要途径。和金融机构通过企业的交易数据判断企业资信一样，通过这些数据，地方政府可以更好地分析当地的产业现状、制定产业政策，以及提供企业亟须的公共服务。

这个时代，人人都在说大数据，似乎不说这样的流行词，就会显得自己与时代隔绝了。

在企业家看来，大数据将引发新一轮技术革新和商业模式变革，一切的商业竞争都将围绕大数据展开。

个人消费者则认为，大数据会带来更便捷的生活、更物美价廉的商品，但个人隐私危机却可能是这一潮流的副产品。

在政府部门看来，信息的爆炸和城市的扩张，将增加城市管理的复杂性，但换个角度看，基于大数据的智慧城市构建却可以为提升城市管理的效率提供一条新路。

《南风窗》记者就相关问题采访了著名信息管理专家涂子沛。

数据是最可靠的信用记录

南风窗：大数据很重要，但对一般人而言，未必懂得什么是大数据。作为权威专家，能否用“白话文”说清楚大数据到底是什么？

涂子沛：从定义上讲，大数据（Big Data）指的是一般的软件工具难以捕捉、管理和分析的大容量数据。但这个“大”，并不仅仅指“容量大”，而是指通过对这些海量数据的交换、整合和分析发现新的知识、创造新的价值。

信息固然是碎片化的，但当它们的量足够大，那么通过有效整合就会实现1+1＞2。这就是大数据的魅力。现在中国都在讲创新，万新之源是数据。数据很宝贵，犹如黄金，但它不是黄金，而是创新的土壤。

南风窗：可否举个具体的例子，谈谈以大数据为土壤的创新是什么样的？比如某个具体化的商业场景，这样更便于理解。

涂子沛：可以拿互联网来说。最早的互联网，是把机器和人连接起来，但今天的互联网，某种程度上来看，已成为沉淀数据的基础设施。它的要义不仅在互联，更在于数据。互联网沉淀的数据，目前已成为人类前所未有的创新资源。

以阿里巴巴为例，它是一家电商公司，通过“双十一”大网购创造了全世界的“数据之巅”。全世界没有任何一个平台，可以在一天之内累计这么多的真实交易数据。你每买一件商品，店家每卖一件商品，就是数据在平台上的不断累积。通过对这些交易数据的分析，平台就可以判断消费者的消费习惯以及商家的信誉和业绩。

平台通过这些数据可以更好地实现对消费者的精准营销。同时，这是平台了解商家的最权威、最全面的资信数据。通过对这些数据的分析，一家金融机构甚至一秒钟就发放贷款，这种审查比传统金融机构人工贷前调查更准确。阿里巴巴的蚂蚁金服就应用这些数据。

还可以举个美国的例子。Kabbage是美国的一家互联网金融公司，和阿里巴巴有着类似的运作方式。它不光要求企业提供在电子交易平台上的交易数据，还要求企业提供在Facebook或推特上和客户互动的数据、快递公司的物流数据。金融机构通过这些数据就可以很容易判断，企业的业务活不活跃，企业的客户忠不忠诚，企业是不是皮包公司。

今天，互联网金融所有的创新都和数据有关，数据正在变成信用，信用也正在变成数据。所以，阿里巴巴正在把应用于中小企业的这套技术推向个人，这就是芝麻信用。你打开支付宝，就可以看到芝麻信用评分，对不对？

数据是新一轮竞争的起点

南风窗：这是互联网金融基于大数据在信用领域的应用，那么在传统企业的营销上，大数据带来的创新是什么？

涂子沛：今天，所有公司都必须做好一件事情，就是要为客户提供个性化的服务。从营销的角度看，这是精准营销。怎么实现呢？

比如，你在社交工具上说，我要结婚了。那么，这就代表你可能要购房、装修，还要举办婚礼，以及购置尿布等。这就是很好的营销机会，企业就能向你实现精准的推送。等你的子女长大，新的需求又产生，那么数据后台又可以向你进行新的商品营销，这种跟踪可能是长期的，甚至一辈子的。

在保险行业，以前保险公司提供的产品都是A计划、B计划、C计划等，只有几个类别。但是，互联网保险怎么卖？保险公司会搜集客户更全面的数据，你的工作性质、作息习惯、驾驶习惯、饮食习惯、责任心等，这些新的数据加上传统数据，理论上讲，就可以给每一个人都提供一个不同的个性化的保险产品。

南风窗：当前，中国的互联网行业出现了所谓“巨头割据”局面，而未来的竞争将是数据竞争，您怎么看待巨头之间这场竞争的前景？

涂子沛：巨头们的数据有三种，一是电商巨头的交易数据，二是社交公司的社交数据，三是搜索引擎的搜索数据。很显然，第一种数据最有价值。

首先，交易数据是最真实、最可靠的数据。举个例子，你在网购平台只会有一个网购账号和第三方支付的账号，而且是实名的，但你却会有很多社交工具账号，而搜索数据则更模糊和非结构化。因此，这些数据的真实性有差异。

未来，互联网发展的一个大势是，网络和现实越来越重合。拿Facebook来说，用户的真实性正在不断提高，它几乎就是以个人真实信息为基础的，家庭成员和朋友都在上面，都是现实中的社会关系。因为，只有真实的信息才会降低交易的成本，而这正是社交工具的发展方向。

对不同的数据类型而言，更重要的差别是数据的核心程度。企业核心数据之一是交易数据，电商平台自然抢占先机。社交巨头的用户并非企业，而个人用户提供的也不是交易数据。再看搜索引擎，尽管它为企业做推广，但企业做推广时提供的数据并非核心的、全面的数据。因此不同类型的数据质量是不同的。

个人数据情况也差不多，电商平台拥有用户的最重要的数据——个人信用，但个人的社交数据和搜索数据则并不那么核心，这些都会决定未来的竞争格局。

政府要用大数据打破“信息孤岛”

南风窗：这个时代已由信息化社会进入数据化社会，大数据将会越来越多地被用于城市治理，也为城市治理提供了很多机遇。这些机遇主要表现在哪些方面?

涂子沛：的确，大数据的不断运用正在为城市治理提供很多机遇，甚至比商业领域还要多。

例如很多地方的税务局用几万平方米的空间保存税务资料。相应地，也可以想象，我们的企业其实也在用相应的空间保存自己的税务资料。每个亲眼看到巨大的空间保存着海量资料的人都会震惊，这是空间的巨大浪费。一方面，纸质的资料很难保存；另一方面，纸质的资料也很难做到有效整合，查找的效率会很低。为什么不全部实现电子化？

税务加上大数据，其实想象空间很大。我们一直讲要建设“服务型政府”，而对大数据的运用则是提高政府服务质量和效率的重要途径。和金融机构通过企业的交易数据判断企业资信一样，通过这些数据，地方政府可以更好地分析当地的产业现状、制定产业政策，以及提供企业亟须的公共服务。

再比如户籍制度，以前，关于个人户籍的数据只有一条，它不是大数据，而是“死的”数据。可以期待，未来市民更多的信息将被公共管理部门纳入户籍数据之下，这些数据足够充沛，就是“活的”数据，管理部门可以对城市居民进行更全方位地了解和分析，从而提升城市管理的效率和政府提供公共服务的水平。

南风窗： 您一直强调政府部门的数据要开放、共享，要建立标准，从而打破现在的“孤岛化”局面，如何解决这个问题？

涂子沛： 我刚才提到了税务局，其实在很多城市的情况都差不多。目前，政府部门的数据“孤岛化”问题比较厉害，信息很难共享。举个例子，现在的“黄金周”，各大城市都堵车严重，这背后的技术性原因之一，就是旅游部门和交通部门的信息无法共享。交通部门看不到旅游部门的数据，它就无法准确、有效地的规划交通。

如何解决“孤岛化”的问题？从技术上讲，一个方式是将数据放在同一朵“云”上集中储存，还应制定统一的数据标准。

当然，解决这个问题更涉及政府组织结构、职能架构等方面的重新整合问题。比如，在市民服务中心，很多部门的服务区都是分开的，其背后就是因为各部门并没有实现信息共享。当信息实现了充分的共享，一个部门就行了，这是一个流程的重新再造和政府职能的重新划分问题。

构建智慧城市要“自上而下”

南风窗：在大数据时代，个人信息被“整合”，会不会导致个人隐私的危机？

涂子沛：个人信息数据的开放，并不是把原始数据毫无保留地进行开放，而是要经过处理，而这种处理的成本并不低。必须用足够的人力和技术对这些数据进行“清洗”，涉及国家安全、市民隐私的信息不能开放。大数据，并不是所有数据都适合开放，不能一刀切。

历史上，美国联邦政府曾希望建立全国统一的身份证。由于涉及公民个人隐私的问题，统一身份证一直没有实现，这是多方博弈的结果。现在，美国人日常生活中主要有驾驶证、护照和社会安全卡这三证。

南风窗：广州一直在打造智慧城市，从政府提供公共服务的角度来看，您认为一座智慧城市应该是什么样的？您有什么建议？

涂子沛：在未来的智慧城市里，凭借着大数据的运用，对所有城市的活动、人的活动等数据进行有效的整合，这样就可以为社会提供更好的服务和管理提供依据。

加拿大的蒙特利尔有120万人，交通系统可以做到对每个居民都提供个性化的出行方案和票价。为什么？因为搜集了大量的数据，根据这些数据可以做判断。这样不但方便了市民，对于公共服务的提供者而言，也提高了用户的黏性。同时，不同票价可以平衡不同线路的客流量，从而实现公交系统的效率最大化。

我在《数据之巅》中提出，要建设智慧城市应该有三个维度：

第一个是政策维度。建设智慧城市，不仅仅是技术创新，更是社会治理模式的创新，这就要求政府要进行一个顶层设计。你必须要制定一个标准，让各个部门、各个行业都能够统一起来，这是建设的基础。必须要自上而下，而不是自下而上。

第二个是技术维度。在建设智慧城市的过程中，物联网、云计算、大数据共同构成了智慧城市的三大核心技术。其中，物联网是城市的触角，云计算是躯干，大数据是智慧城市的大脑。

第三个是文化维度。我们中国人一直缺乏数据文化，这就是胡适批评“差不多先生”、历史学家黄仁宇探寻“数目字管理”的原因。这就是文化的问题，这个必须要慢慢改变。

（谭保罗）

全球城市化增长
大比例集中在中国

/专家简介/

霍安·克洛斯（Joan Clos），毕业于巴塞罗那自治大学医学系，博士学位。历任巴塞罗那市市长，西班牙工业、旅游与贸易部部长，西班牙驻土耳其和阿塞拜疆共和国大使。现任联合国副秘书长、人居署执行主任。

/导 读/

中国的城市化曾经大幅度拉动经济增长，促进了中国的大城市和特大城市的成长。但是，这一过程中，仍需重视减轻极端的负面影响，如环境污染等。中国在创建或巩固新城市的配置方面值得全球的城市学习，如特大区域和城市的走廊地带。这些配置是经济增长、生产力发展和创新能力的重要动力。

过去几十年中国的城市化很快速，也带来了严重的问题，比如空气污染。中国城市化的快速发展所面临的挑战有哪些？其他国家的城市是否也面临这些挑战？全球的城市应该如何联合起来应对这些挑战？《南风窗》记者专门采访了联合国副秘书长、人居署执行主任霍安·克洛斯，请他谈谈对广州城市发展的建议，以及他眼中的中国城市面临着什么样的问题。

南风窗：广州这些年城市发展快，也越来越重视城市规划，请问您对广州的城市规划有何建议？

霍安·克洛斯：联合国人居署推行三管齐下的方针，即重视城市的立法、城市的规划和设计、城市的经济和市政府的财政。这三方面的发展能有效推动城市和人类生活的转变，进一步提高环境、经济和社会的可持续发展。同时，这三个方面也应得到平衡的发展。

除此之外，还要注重城市的基本服务，这也是最重要的一点。城市的基本服务中尤为重要的方面包括水资源、公共卫生、废弃物处理、可持续的交通运输方式以及安全的当地能源。

我建议，包括广州在内的全球城市规划者，都应该重视这几个方面的城市规划，并将其运用于自身城市发展的规划和战略布局中。

南风窗：您曾经在世界城市论坛上提出一系列的统计数据。您预测，到2025年，城市人口将会增加25亿至30亿。请问这一数据到现在是否有了更新？您能介绍一下最新的数据吗？

霍安·克洛斯：到2007年，城市人口已经超过农村人口，世界总人口的54%居住于城市。新的城市化趋势数据表明，全球的城市人口现已接近39亿，预计在2050年将增至63亿。尽管亚洲的城市化程度并不算高，但是世界城市人口的53%居住于亚洲国家。其中，中国和印度这两个国家的城市人口占全球城市人口的30%。到2050年，全球将新增24亿城市人口，预计其中37%来自中国、印度和尼日利亚。

在2014年，中国已经拥有6个特大城市：上海、北京、重庆、广州、天津和深圳。同时，有10个城市的人口位于500万至1000万之间。从全球的城市人口增长来看，接近96%的人口增长将发生在发展中国家。

南风窗：就您所提到的情况，联合国人居署是否对此有持续跟进的研究项目？

霍安·克洛斯：联合国人居署第三次人类居住大会最重要的项目是关于世界城市人口的增长，该项目由联合国人居署与纽约大学林肯学院及世界地球科学中心共同开发研究。我们现在的研究对象为全球200个具有代表性的城市，并定性和定量地研究城市发展特征，如城市扩张、密度分析和土地及住房市场等。

此外，城市化进程所面临的一个重要挑战是如何处理城市化的贫困问题。城市化与可持续发展的三大支柱（即经济发展、社会发展和环境保护）是密不可分的。联合国人居署正在对全球各个地区出现的城市贫困化、城市不平等及城市发展对环境的影响进行研究。研究发现，自从15年前确立发展目标以来，中国已经成功让4.5亿人脱离了贫困。中国政府最重要的措施是积极发展以城市为基础，并且对农村贫困地区的发展极其有利的活动和项目。

联合国人居署同时也在研究共同富裕。调查机构已经研究出一套新的监测系统，如城市繁荣提案（简称“CPI”）。CPI既是衡量标准，又是一次政策交流。超过10个国家的350个城市正在使用这个以研究为基础的监测系统。

CPI的重要之处在于将城市化和城市发展的各个因素加以整合，并通过各维度评价城市的发展，包括基础设施建设、生产力、环境、社会包容度、生活质量和城市管理及立法，最终评价城市的政策和战略影响。加入了世界城市繁荣提案的城市正在使用这套系统追踪监测城市在全国和全球范围的表现，并了解城市在追求繁荣和可持续发展的过程中发生的动态变化。我很希望中国加入这一全球项目中，这一项目将是第三次人类居住大会的重点议题。

南风窗：中国城市化发展很迅速，也带来了严重的问题，比如空气污染。在您看来，中国城市化的快速发展所面临的挑战有哪些？其他国家的城市是否也面临这些挑战？这些挑战跟中国的地域特点有何关联？

霍安·克洛斯：迄今为止，全球的城市化增长大多发生在中国。中国城市面临的发展问题，如环境污染、交通拥堵和发展不平衡等，也存在于其他国家的城市中。但是，我们必须明白这些问题出现的原因是城市规划的不完善。如果能够对城市进行详尽的规划和有效的管理，这些问题将会成为城市发展繁荣的强大动力。城市规划应该从实际出发，根据城市的实际增长率做出相应规划，以更好地利用城市化进程中的机遇。

尽管中国已经有一定数量的特大城市，但是我们还需关注其他更重要的城市，即25个人口在100万至1000万之间的城市。中国城市人口的绝大部分居住在这些城市中，所以这些城市面临的城市发展挑战跟特大城市相差无几，甚至更加严重。我们需要追踪监测相对较小的城市的城市化发展进程，这些监测对评估当前和未来的城市规划需求非常重要。同时，这些监测也能更有效地确定政策的重点，以推动全国城市和农村更具包容度、更加平等的发展。

但是，我们必须记住中国的城市化曾经给中国带来了翻天覆地的变化。中国的城市化曾经大幅度拉动经济增长，促进了中国的大城市和特大城市的成长。这一过程中，仍需重视减轻极端的负面影响，如环境污染等。可中国在创建或巩固新城市的配置方面的经验值得全球的城市学习，如特大区域和城市的走廊地带。这些配置是经济增长、生产力发展和创新能力的重要动力。

南风窗：您在上海世博会上提到，中国正处于城市化的快速发展进程中。如果中国能建立一套城市规划体制，以适应未来城市化前期阶段的发展需求，那么这套体制将成为环境保护和能源节约的最佳实践。您认为哪些发展模式是足够先进的，并能满足未来发展需求的？在这些先进的发展模式中，适用于中国的有哪些？

霍安·克洛斯：因为每个城市在经济、社会和环境等方面都是独一无二的，联合国人居署并不主张将某个城市的发展模式套用于另一城市。但是，我也说过，我们建议城市在三个方面加强城市的规划：城市设计、城市立法、城市的经济及市政府的财政。

如果中国能根据现实的城市状况，平等对待并平衡发展以上三个方面，我相信中国能够利用城市化的成果构建更美好的未来。

（何蕴琪）

人口自由流动，来自大城生长的呼唤

/专家简介/

陆铭，中国发展研究中心主任，上海市政协委员，复旦大学客座教授，上海交通大学安泰经济与管理学院特聘教授、博士生导师。曾担任世界银行和亚洲开发银行咨询专家。

/导　读/

都市圈是指包括中心特大城市和周边地区，在地理上基本连片的建成区，并且在基础设施上高度连通，在经济活动上密切往来的城市蔓延区，可以称为“日通勤圈”。以东京为例，东京和横滨是两个城市，但二者连在一起的日通勤圈大到已经超过一个城市单体范围了，于是我们就给它起了另外一个名字叫都市圈。中国几个一线城市，甚至一些二线城市潜在的形态也是都市圈，而不只是一个城市。

房价陡升，通勤半径拉长，不确定性增多，我们生活的城市正在迅速发生变化。而大城市，就像一个个有着自主生命的系统，就算被管制的力量限制着功能，但仍然无法停止扩张式的运转。正如城市人口控制措施虽然提高了人口流入门槛，但消灭不了人口流入的顽强欲望。

那么，到底是谁错了？

为此，《南风窗》记者专访了中国发展研究中心主任陆铭。

北上广深其实不是城市，是个都市圈

南风窗：当政府因为“大城市病”等原因试图控制大城市的扩张的时候，您却鲜明提出我们现在的大城市还不够大。按照您的观点，大城市人口承载力还可以增长但需要技术和管理的进步。是不是说，比如北京、上海、广州、深圳这样的特大城市，事实上仍然可以通过技术和管理的进步来继续增加人口流入？

陆铭：根据齐夫法则（Zipf 's Law），一国最大城市的人口，是第二大城市人口的两倍，是第三大城市人口的三倍，依此类推，最大城市的人口是第N大城市的N倍。从经验数据来看，齐夫法则已经被世界上很多市场经济国家的数据所验证。即使是在已经完成了城市化进程的发达国家，大城市及其周围的都市圈人口仍然在增长。中国的城市人口分布也正在照着齐夫法则演化，我们还处在城市化的过程之中，特大城市的人口继续增长是一个阻挡不了的趋势。

具体来说，城市的大小由高度和半径来决定，这就取决于“向上”和“向外”的技术，如修建高楼的技术和轨道交通的技术，前者的成本限制了城市往上发展的高度，而后者的成本则限制了城市向外的扩张，从而在根本上限制了城市的规模。

如果按照市场经济的发展规律，帮北上广深这类一线城市画一个剖面图，应该变成类似于纽约这样的理想城市，市中心曼哈顿高高的，慢慢从中间向边上降低。一个城市的土地应该用在最能够发挥它的价值的地方，这就需要科学规划来提高城市宜居程度，而不是将生态简单地理解为环城市的大片绿化带或农田。

南风窗：也就是说，我们仍然习惯把北上广深这样的一线城市看作是行政区划概念上的城市，而不是看作都市圈。

陆铭：这里面其实涉及三个概念，在我们国家非常容易混淆。第一个叫“城市”，第二个叫“都市圈”，第三个叫“城市群”。

从经济学角度来说，经济发展规律和产业结构决定了城市可大可小。但在中国，城市是指行政管辖的一个单位。如果按照经济学概念，北京和上海其实都不是城市，而是个都市圈。

都市圈包括中心特大城市和周边地区在地理上基本连片的建成区，并且在基础设施上高度连通、在经济活动上密切往来的城市蔓延区，也可以称为“日通勤圈”。以东京为例，东京和横滨是两个城市，但它们连在一起的“日通勤圈”大到已经超过一个城市单体范围了，于是我们就给它起了另外一个名字叫都市圈。中国几个一线城市，甚至一些二线城市潜在的形态也是都市圈，而不只是一个城市。

以大城市为核心连接周围中小城市的叫都市圈，半径可能有几十千米，但是可能在几十千米之外的没有连在一起的另外一些城市，与这个“都市圈”有着密切的经济往来，它们就组成了一个城市群。就像在珠三角地区，广州和深圳未来应该与周边中小城市连在一起成为都市圈，同时在粤港澳地区要形成湾区城市群。

城市群内部一定要有一个核心城市。通过其他中小城市的发展，核心城市的压力可以得到缓解。如果限制都市圈的发展，核心城市就没有办法去跟东京和纽约这样的世界城市进行持续的竞争，从而也影响到城市群内其他中小城市的发展。

中国未来的超大城市、特大城市都应着眼于都市圈建设，但国内目前严重混淆了城市群和都市圈的概念，一边在建设城市群，一边又在限制核心大城市往都市圈方向发展。

限制劳动力流动，无助公平也无助效率

南风窗：大城市具有规模经济，人们的收入水平更高，就业机会更多。于是我们就会看到，大城市自然而然地成为劳动力流动的首选。人为地限制劳动力的自然流动会带来哪些问题?

陆铭：这里面有一个非常有意思的三角关系——经济增长、城市宜居和社会和谐这三个目标的关系。在“控人”的思路下，城市发展就会出现三角关系的矛盾。比如像北上广深这样的一线城市，城市要经济增长，同时通过基础设施建设和环境保护将城市宜居的程度不断提高。这时候，劳动力就会自然而然地流入。如果政府想限制人口流入，就只能是加强户籍制度对外来人口的公共服务差别待遇，社会和谐目标必然无法实现。

但如果通过供给侧改革来增加基础设施和公共服务的供给，改善其

质量，就可以实现经济增长、城市宜居和社会和谐这三个目标的共赢。限制劳动力流动，这样既无助于公平也无助于效率。在这两个关系当中，最重要的核心政策就是生产要素的流动，而解开这个困惑的关键在于户籍制度。

值得注意的是，“空心村”的出现和人口从一些省份迁出，恰恰是人口在空间上优化配置和重新分布的结果。政府和社会要做的，不是去违反规律地阻止这种流动的趋势，而是有责任地为“空心村”里未迁出的人口提供必要的公共服务和基础设施。但是，在总体上，我们要看到，“空心村”的出现是经济发展和城市化的必然结果。

南风窗：城市居民既享受外来人口带来的经济发展、城市生活和服务的便利，又试图和他们保持距离。您认为什么是城市和谐发展的最大挑战?

陆铭：中国未来城市生活的和谐程度与对低收入人群教育重视程度息息相关。首先是学校教育。在特大和超大城市，外来务工人员子女进城接受教育的门槛太高，结果是大量孩子被留在农村成为留守儿童。但是，教育本身是一个非常具有规模经济的行业，在农村开十个学校，在城里开一个就行，可以把师资提高，教育质量提高。

其次，就是如何发挥城市的学习效应。从经济发展阶段来看，当一个国家处在制造业为主的阶段的时候，它所需要的教育往往是可以通过学校培训出来的，比如操纵机器等通过培训即可上岗的工作。但是在服务业发达的今天，我们看到很多生活和工作经验并不是从学校里学来的，而是从实践中学习的。低教育水平的劳动者在城市中也能够得到知识、技能、个人素质等多方面的提升，比如语言能力、待人接物的能力、创新创业的能力，这在服务业发展中尤其重要。

事实上，那些目前已经到城市来的外来务工人员，绝大多数是因为城市对他们有需求才会来，而高技能者和低技能者在城市中是互补的。盲目排斥低技能劳动者，对城市发展和城市居民生活质量提升并没什么好处。

不能因为害怕“大城市病”而制约城市发展

南风窗：像北上广深这样的一线城市，外来人口很多，但融入大城市却面临着高房价这个“拦路虎”。对此您怎么看？

陆铭：首先需要清楚，高房价的问题出在哪里。2003年之前，中国基本上是一个土地供应与人口流动方向一致的国家，这一年之后，中国开始在人口流入地收紧土地供应。房地产市场的主要问题是供给和需求不匹配，一些城市的房价收入比持续上升，在很大程度上是因为在人口流入的同时收紧了土地供应。

如果按照房价收入比这个指标来定义的话，中国房地产泡沫最大的是北京、上海。收紧人口流入地土地供应导致的供给和需求的错配，不叫泡沫，它就叫错配，空间上的错配。形成对照的是，在中国的一些人口流出地，建了大量新城，却形成了巨大的住房库存，房价收入比甚至是下降的。按“标准”的定义，这并不是泡沫，但恐怕三四线城市巨大的住房库存恰恰是目前中国背景下的泡沫。

中国的高房价，属于需求端导致的这部分符合国际趋势，但是供给方面却不符合国际趋势，这个市场不正常，也就是说在人口聚集地缩紧土地供应是不对的，市场经济国家不会出现这种现象。那么，这样的问题怎么解决？第一，加大人口流入地土地和住房供应。第二，增加租赁房，政府通过建设公租房让年轻人和低收入人群有更多的机会租到房子。

如果在人口流入地增加土地供应和租赁房都做到了，人们怎么选择，那是他们自己的事。

南风窗：一直以来，控制城市人口的争论不绝于耳。环境承载力、就业压力、社会治安等各种问题都使得人们长期以来将“大城市病”归因于人口增长。对此，您怎么看?

陆铭：许多人简单地将“大城市病”与城市人口规模联系在一起，然后由此得出应该控制城市人口规模的结论。实际情况是，“大城市病”主要不是城市扩张本身带来的，而是取决于技术与管理。

“大城市病”的问题，简单来说就是供给不足的问题。我们有一个刻板印象，老是认为东部的基础设施建设已经饱和了，这是错的。饱和与否不能仅看基础设施的数量，还要看源源不断的需求是不是能够被满足。从未来的发展角度来讲，广州等一线城市还需要建更多的地铁，现在地铁的密度还明显落后于世界上主要的国际大都市。

事实上，只要治理得当，人口多或者人口密度大，并不一定就会出现更严重的拥堵问题。在香港，人口密度非常大，但同时基础设施和服务也非常完善，利用规模经济，人口密度高反而有利于城市投资地铁、地上地下通道等基础设施。此外，调整产业结构，鼓励环境友好型的生活方式，也能减轻“大城市病”带来的问题，我们不能因为害怕“大城市病”而制约城市发展。

更为突出的问题出现在公共服务上。当面临医疗和教育资源短缺时，恰恰应该引入各种资本，增加医院和学校的供给。随着人口流动的限制最终会放松，未来超大城市迟早要实现不同人群间公共服务的均等化。再过若干年，中国就将迈入高收入国家的行列，到那时，如果户籍制度仍然构成对外来人口的公共服务的差别待遇的影响因素，那么，中国的社会文明程度就将严重滞后于经济发展，也将难以向国际社会推广我们的发展经验。

（杨　露）

农村党建不能打造“盆景”

专家简介

刘炳香，中共中央党校教授、博士生导师，全国领导科学研究会副秘书长兼学术部主任。

导 读

基层党组织是中国共产党与群众联系沟通的末梢神经，如何让它更敏感、更高效、更具组织带动能力和榜样意义，是我们需要不断研究和思考的问题。通过走访广州市白云街道东湖新村、车陂街道等基层单位，刘炳香等人对基层党组织建设进行了深入调研，由此总结出基层党建存在的问题，并从广州的具体实践里发现新经验与新思路。

党的十九大提出，要坚持农业农村优先发展，按照产业兴旺、生态宜居、乡风文明、治理有效、生活富裕的总要求，建立健全城乡融合发展体制机制和政策体系，加快推进农业农村现代化。在这个过程中，培养造就一支懂农业、爱农村、爱农民的农村基层党建工作队伍还面临哪些挑战？在新的时代背景下，党的基层组织如何加强农村各项基础工作，建立健全自治、法治、德治、共治相结合的乡村治理体系？广州在基层党建又取得了哪些新的突破可供借鉴？《南风窗》记者就这些问题专访了中共中央党校教授刘炳香。

弱化、虚化、边缘化问题突出

南风窗：近年来，农村基层党组织在贯彻党的决定、领导基层治理、动员群众推动改革发展等方面发挥了重要战斗堡垒作用。但随着城市化发展，新问题也在随时出现。在推进振兴乡村战略过程中，基层党组织还存在着哪些问题和不足？

刘炳香：弱化、虚化、边缘化问题最为突出。主要表现在农村基层党组织的设置和功能发挥、农村党员队伍建设不整齐、农村干部政治领导力与群众影响力这三大问题上。

在农村，在行政区划最小单位——行政村之下，还包括自然村、村民小组等基层治理单位。就全国情况看，农村基层党组织在自然村、村民小组大多处于空白状态，在此层面建立党组织，需要有政治意识和工作干劲。比如广东省佛山市三水区，该区总面积827.69平方千米，人口约80万，现辖2个街道、5个镇、48个行政村、840个村民小组。近年来，在区委书记黄福洪全力推动下，全区村民小组建立党支部的已经达到637个，但仍有193个村民小组需要建立基层党组织，这还有许多具体工作要做，有许多困难需要攻克。

南风窗：农村基层党组织出现弱化、虚化、边缘化问题，是什么原因造成的?

刘炳香：原因是多方面的。一是农村党组织从行使资源配置权中获得的部分影响力弱化。改革开放以来中国农村经济改革，促使农村社会经济资源从集中到分散转变，农村的家庭承包制把农村的生产性资源从村集体转移到农民家庭手中，由此赋予了农民的经济自由。尽管粮食、棉花、烟草等战略性或垄断性农产品仍然保留了最低限度的国家控制，但国家在征购这些战略资源的过程中，直接与之进行利益交换的对象是农民，而不再是村集体。因此，村集体在农民与国家的利益交换中失去话语权。同时，部分农村基层党组织中或多或少存在党员队伍老化、党性观念淡化、思想观念僵化、工作作风粗俗化、部分党员干部甚至存在生活作风腐化等问题，也导致农村基层党组织功能弱化。

二是农村基层干部被污名化，损害党组织的影响力，制约其功能发挥。党组织在农村治理中的地位，决定了其千头万绪的工作做好了，成绩并不显山露水；做不好，问题会被无限放大，干部容易被污名化。

三是农村空心化导致党组织的组织建设薄弱，作用弱化。

四是农村基层党组织的服务功能不能有效发挥。

多管齐下优化党组织设置，从“管理”到“服务”

南风窗：农村基层党组织设置要真正达到优化，起到实效。农村基层党组织设置该遵循什么样的基本原则？

刘炳香：一是有利于加强党对农村社会的全面领导的原则，这是合目的性。需要内外部领导同时加强。外部的组织设置要能够深入和覆盖到农村社会各种组织，影响农村社会各类人群。要符合各地农村的具体实际，综合考虑农村社会各种组织主体的经济关系、历史文化、宗族结构等历史和现实因素。而内部的组织设置则是要便于教育、管理、监督和服务党员，开展组织活动。考虑农村党员的从业结构、流动状况、各年龄段优势等实际状况，最大限度地发挥农村基层党组织的战斗堡垒作用。

二是有利于农民生产生活的原则，这是合规律性。党的组织设置要促进农村经济社会发展，便于农民进行生产生活，真正做到以党建促发展、以党建利民生，使基层党组织成为联系群众的桥梁和纽带。

南风窗：围绕优化农村党组织设置问题，全国各地进行了许多探索，比如以行政区划为基础优化农村基层党组织设置。但随着改革的推进和社会变迁，这种设置方式有时并不能完全契合农村社会的实际状况，比如一些行政村管辖范围过大（南方很多地区本身行政村管辖面积就很大，北方很多地区在并村撤组后也面临同样情况），出现党组织活动难以有效开展、农村公共服务和社会管理难以到位的情况。针对这些问题，在党组织设置上有哪些优化和创新的对策？

刘炳香：一是组织重心下沉，在行政村层面建立基层党委或党总支，在村民小组或自然村设立党支部。以自然村或村民小组为单位建立党支部，既符合农民居住状况以自然村为主的熟人社会实际，也符合集体资产以村民小组为归属单元的财务关系实际，大大提高了党组织在凝聚村民共识、发展集体经济、协调村民之间矛盾、促进农村社会有效治理等方面的作用。

二是增设片区党总支，配套党群服务中心。在乡镇行政区划内，综合考虑政治、经济、文化、社会、生态等各方面因素，把乡镇划分为若干个片区，在片区设党总支，每个片区党总支管辖若干个行政村。以片区为单位，一方面整合各方面分散的涉农资源，成立党群服务中心，提供集中服务，满足村民在党务、政务、生产、生活等方面的实际需要；另一方面，在片区党总支的统一协调下，将地域相近、产业相关、联系紧密的若干个村党支部和片区内的企业以及行业协会等党支部整合起来，进行优势互补，形成农业规模效应和产业优势，带动农村经济发展。

三是以社区为单位建立党组织。伴随着新农村建设进程，一些地方村民改变居住方式，由分散居住变为集中居住，一些城郊农村也改为农村社区建制，形成以社区为单位，根据居住在社区内党员的实际状况建立党支部或党小组。

四是以功能为主优化党小组设置。围绕不同功能定位，灵活设置党小组。

南风窗：除了以行政区划为基础，农村党组织的设置还能以哪些基础进行优化?

刘炳香：我认为还有两大方面。一个是以产业和行业为基础，这里面主要是农村行业协会、专业经济合作社、乡村企业、农村产业链以及产业园区、贸易市场等功能区域。另外就是以党员的职业流动为基础。分为流入地和流出地两方面。流入地就是建立农民工党组织。将分散在辖区内来自不同地区的农民工集合起来，建立党支部或临时党支部。流出地的部分主要是在一些外出务工人员较多地区，主动根据外出流动党员的情况来收集外出党员信息，在本地的外出务工人员集中的地区建立流动党支部，以便与分散的党员长期保持联系，及时掌握党员状况。

南风窗：有专家指出，可以通过联合组建来进一步扩充和优化农村基层党组织，在这个方面您认为有哪些具体的措施可供参考？

刘炳香：一是村村联建。以建立中心村党组织为依托，本着互利和帮扶的基本原则，对若干个村党组织实行统一领导，实现先进村与落后村之间、经济强村和弱村之间的资源整合、优势互补，促进本地区共同发展、共同富裕。二是村企联建。包括以村带企建和以企带村建。以村带企建是把党组织设在行政村，由村党组织对村民党员和分散在企业的零星党员进行统一管理和开展活动。以企带村建是把党组织设在规模大、效益好、党员人数多、村内大多数党员工作的大型企业里，企业负责人兼任村党组织书记，充分利用企业资源为村党组织开展活动提供有力支撑。三是村居联建。主要是在城镇化发展较快地区的城郊村、园区村、城乡结合部村等村与社区交错分布、联系密切的地方，由村与社区共同建立党组织，统一领导村、居工作，进行优势互补，推动城镇化工作开展。

南风窗：农村基层党组织的组织功能主要包括政治功能和服务功能，要提升农村基层党组织的组织力，除了在思想认识上要进一步强化引领，还有哪些具体方案需要落实？

刘炳香：一方面是抓好思想建设的基础性工作，另一方面就是要在党建考核和问责上压实责任。抓好农村党建首先是县、乡两级党委的责任。县、乡两级党委要把基层党建工作与中心工作一起谋划、一起部署、一起考核，强化县、乡、村三级党组织及其书记的管党责任，形成责任明确、运转有序、保障到位、抓常抓长的考核机制，要通过建立问题清单、意见清单、任务清单、责任清单、整改清单等方式，把管党、治党责任落到实处，将抓好农村基层党建作为干部考核和晋升的重要依据。

南风窗：农村社会情况复杂，主体多元，利益协调难度大，党组织如何更好地发挥其服务功能？

刘炳香：党组织发挥服务功能必须因地制宜，因时制宜，考虑周全，讲究实效。

首先是农村基层党组织的服务责任和服务对象要进一步明确，打造农村基层党组织的服务队伍。党组织应该通过引导、指导，让党员在这些组织中发挥作用，充分发挥各种组织的优势，促进农村社会治理。农村基层党组织的服务对象包括普通群众和党员。对于党员，农村党组织要支持党员的正当利益诉求，保障党员的基本权利，加大对困难党员的党内关怀力度；并按照政治过硬、作风优良、本领高强的要求，拓宽渠道，选优配强基层党组织带头人。充分发挥党员的积极性和带头作用。以干部和党员为主体，联合村庄社会组织、志愿服务组织等各方力量，分类建立专业服务队伍，提高服务水平。

其次是在服务的渠道上，我认为可以搭建农村基层党组织的服务平台，创新农村基层党组织的服务方式。主要包括经济发展平台、党群公共服务平台和创先争优平台。要变等待群众上门求助党组织提供服务为主动为群众提供切实需要的服务；建立乡镇党政班子成员包片、站所包村、党员干部包组、党员能人结对联户制度，为农村农民提供精准服务；实行“民生微实事”立办制度，及时处理群众的小问题；还有通过网站、电视、微信公众号、党建云平台、微信群组等信息化手段和平台，及时搜集整理群众和党员信息，整合资源，为党员和群众提供学习、生活信息资讯，提供交流平台，解决问题困难，等等。

再次是建立农村党组织服务群众考核评价机制、农村工作目标管理责任制、农村干部岗位目标责任制。根据党支部和党员干部完成年度工作目标、岗位责任目标的情况，建立科学严格的考核机制，奖优罚劣，奖勤罚懒。充分发挥考核的导向作用，激发基层党组织和党员活力，倒逼党组织和党员提高服务意识和能力。

决心+耐心，动力+方法

南风窗：村子富不富，关键看支部；村子强不强，要看“领头羊”。从各地农村党组织的实际情况来看，凡是党组织建设坚强有力的地方，都有一个优秀的村党支部书记。对于村党组织干部的建设，您有哪些建议?

刘炳香：首先在选拔上，要拓宽选人渠道，重点将村干部、村医、村教等新“乡贤”，致富能手，农民经纪人，农民专业合作组织负责人，复员退伍军人，外出务工返乡的农民党员选拔为村党支部班子成员，鼓励优秀民营企业经营管理人员，县乡机关和企事业单位退居二线、提前离岗或退休干部职工中的党员回原籍担任村支部班子成员；改进选拔方式，坚持民主、公开、竞争、择优的原则，采取“两推一选”“公推直选”，以及面向社会公开选拔、乡镇党委委派等方式；另外是加强村党组织干部后备人才培养工作，把青年农民致富能手培养成党员，鼓励和引导高校毕业生到村任职。加强村党组织干部教育培训，提高村党组织干部能力水平，加强村党组织自身建设的本领。

其次在管理上，要强化绩效管理，包括建立健全村支委岗位目标责任制等制度；强化民主监督；推行“双述双评”制度，即村支委干部定期就落实目标承诺情况分别向基层党委、党员群众代表“双向述职”，接受基层党委的考核和党员群众的评议；强化党风廉政教育和监督，包括建立集体资产处置的公开招投标制度，推行经费预算和财务公开制度，从源头上防范不正之风和腐败现象；建立健全经济责任审计制度，加强基层党组织带头人任期和离任经济责任专项审计工作；加大对不正之风和腐败现象的查处和惩治力度，保持基层党组织干部队伍的先进性。

最后是激励保障方面，要按照不低于当地农村劳动力平均收入水平确定村党支部书记的基本报酬，要适当提高其他支委干部的报酬补贴，要建立干部业绩考核奖励制度，保证合理的经济待遇；要强化保障措施，逐步为在职村党组织干部办理社会养老保险，对正常离任村党组织干部给予一定的生活补助；加大从优秀村党组织干部中选拔乡镇领导干部、考试录用乡镇公务员、招聘乡镇事业编制人员的力度，大力表彰、宣传、重用优秀村党组织干部。

南风窗：关于加强农村基层党建工作，您有哪些心得与思考?

刘炳香：主要是思想和行动上。思想上是决心、耐心加动力。决心其实就是重视程度。各个地方农村党建工作做得如何，与地方主要领导对“三农”问题和农村党建工作重要性的认识及重视程度直接相关。凡是党建工作做得好的地方，该地方主要领导都有大局观念，重视党建工作，重视在人、财、物等方面投入。有耐心是指对农村基层党建工作的长期性、复杂性、艰巨性要有清醒的认识。我国“三农”问题非“一日之寒”，农村党建工作需要结合各地实际有针对性地开展，需要根据农村情况的变化持续调整。也因为这样，我们说要有动力。想从根本上解决问题就需要找到党组织和群众的利益连结点。将党和国家的政策与农民的利益和需求结合起来，才能让群众得到生活上的便利、精神上的愉悦。从长远看，维系农村基层党组织干部的工作热情与干劲，不能单纯依靠“奉献精神”和“当村干部有面子”的荣誉感，必须同时重视物质利益驱动，以及干部自身全面发展需要的支撑，要有资金、有资源、有平台。有为才能有位，有位有利于有为。这样，农村基层党建工作才能进入良性循环。

有了思想的基础，紧接着就是要在行动上有正确的方法。在农村，实现党领导一切，要在“怎么领导”上进行顶层设计。党的组织全覆盖是载体，影响全覆盖是目的。农村基层党组织要充分利用好农村各类基层组织，把分散的村民组织起来，发挥整体效应。要通过各种方式，确保村委会成员、村小组长、村民代表、村集体经济组织班子成员、村民理事会等村社会组织成员、村农业合作社理事会成员等具有组织影响力的人士，成为党员或者是拥护党的领导、支持党的工作的人士，通过他们在相应群体中的影响力来推动党在农村各项工作的顺利开展。

南风窗：此次调研，您对广州白云街道东湖新村、广州车陂街道等基层单位的党组织建设和工作情况进行了较为详尽的研究，广州的基层党建工作有哪些地方值得借鉴？

刘炳香：印象很深的是广州白云街道东湖新村支部书记何绍儿。她在社区工作20年，有激情、有能力，也不缺乏经验和威信。但因为基层干部晋升渠道不畅，国家普遍实行公务员和事业单位人员“考任制”，像何绍儿这样的一些基层干部虽然基层经验丰富，有一定的工作能力，但考试不是长项，往往无法通过考试大关，其职业生涯也因此遇到“瓶颈”。但广州白云街道通过宣传东湖新村支部书记何绍儿的业绩，产生了良好的标榜作用和示范效应。另外一个可以借鉴的是广州车陂街道搭建的公共服务平台，日益庞大的志愿者队伍在基层社会治理中发挥了重要作用，这不失为有益尝试。

（林宛霖）

第五辑

跨国企业的发动机

雪松之后，下一个世界500强企业会是谁

/专家简介/

李锦，著名国企改革研究专家，中国企业研究院首席研究员，中国人民大学国企改革与发展研究中心研究员，中国目前影响最大的国企政策与新闻事件主要解读人。曾任新华社高级记者，2010年后担任中国企业报总编辑、国务院国资委新闻中心首席研究员和中国企业改革与发展研究会副会长。出版著作有《十八大报告国企学习读本》《国企改革的方向与焦点》《金融危机在中国的演变》《国企供给侧改革》等。

/导　读/

《财富》杂志公布了2018年世界500强企业排行榜，中国共有120家公司上榜，与美国十分接近。以华为、美的为代表的制造业企业，以及以阿里巴巴、腾讯、京东等为代表的互联网企业的不断壮大，凸显出中国新经济的活力和创新能力。500强企业榜单中，北京上榜企业主要是央企，共有53家公司上榜；广州、上海和深圳，共有10家公司上榜，例如广州的雪松控股、广汽集团。每个大企业都有其总部所在城市，500强企业榜单也非常直观地反映了中国的城市竞争格局和行业发展趋势。中国必须要关注和发展新经济，构建现代化经济体系，加快民营经济发展。民营企业也将成为城市参与国际竞争的新动力。

中国何以成为世界第二大经济体？大企业就是最好的证明。

《财富》杂志日前公布了2018年世界500强企业排行榜，在这份衡量全球大型公司实力的权威榜单中，中国共有120家公司上榜，非常接近美国的126家，远超排名第三位的日本52家。在营业收入排名上，前五名中有三家为中国企业。沃尔玛连续五年成为全球最大公司，和国家电网、中石化和中石油继续分列榜单前四位。

以华为、美的为代表的制造业企业，以及以阿里巴巴、腾讯、京东等为代表的互联网企业的不断壮大，凸显出中国新经济的活力和创新能力。但另一方面，中国企业产业结构调整明显面临巨大挑战。银行仍是中国最赚钱的行业，中国10家上榜银行的平均利润高达179亿美元，远远高于全部入榜的中国公司的平均利润。

近日，《南风窗》记者专访了国企改革研究专家、中国人民大学国企改革与发展研究中心研究员李锦。在访谈中，李锦表示，美国企业在世界500强企业中即使近年来数量上有所减少，但仍占据着世界领先地位。中国必须要关注和发展新经济，构建现代化经济体系。

大企业时代

南风窗：《财富》世界500强企业榜单近日正式公布，这份榜单反映了什么样的经济情况？其中最大的亮点又是什么？

李锦：2018年榜单反映了世界经济版图的变化，中国企业上榜的数量与中国是世界第二大经济体的地位更加相称。从整体上看，这些全球最大企业的经营状况在明显改善，有一个回升的趋势。

2016年，上榜公司的总营业收入、净利润总和以及入围门槛均有11%左右的下降。2017年，这三个指标均有小幅回升，其中上榜公司的总营业收入小幅增长至27.7万亿美元；净利润总和增长约3%，达到1.52万亿美元；入围门槛则增长了3%，回升到了216亿美元。2018年上榜公司的总营业收入近30万亿美元，同比增加8.3%；总利润达到1.88万亿美元，同比增加23.7%；销售收益率则达到6.3%，净资产收益率达到10.9%，都超过了2017年。

这个榜单中最大的亮点就是，中国上榜企业数量以前所未有的速度增加，逼近美国。2018年中国上榜企业达到了120家，已经非常接近美国的126家，远超第三位日本的52家。在数量上，没有一个国家像中国一样迅速增长。可以预见，再过一年，中国的世界500强企业数量很有可能超过美国。值得注意的是，2018年上半年，上榜500强公司总利润同比增加23.7%，同时，2018年上半年央企利润同比增长23%。这说明中国的央企极具代表性，是中国经济的重要支撑。

另一个亮点就是民营企业增多。民营企业排名上升的速度出人意料，信息和通信技术行业的创新溢出效应最为明显，为其他技术创新的2倍。在中国公司群体中，这个行业内的华为公司排名从83位上升到72

位。来自北方的青岛海尔则是中国电子与电子设备行业唯一一家新上榜公司。

南风窗：能不能说，中国已经进入大企业的时代？大企业对于一个经济体来说具有什么样的重要意义？

李锦：从2012年中国500强企业发布，我就说过中国已经进入了大企业时代。1989年时中国才1家企业——中国银行进入《财富》杂志发布的世界500强企业排行榜，1995年则是3家。2003年中国加入WTO以后，这种势头越来越快。

经济学家萨缪尔森在他的成名作《经济学》中说“美国的事业是企业”。那么，中国进入“大企业时代”的意义是什么呢？大企业承担着实现国家振兴、民族复兴的使命。国家和国家之间的竞争，就是大企业之间的竞争。德国西门子与美国通用电气的竞争、日本的小松机械与美国的卡特彼勒的竞争、法国施奈德与瑞士ABB的竞争、美国通用汽车与日本丰田的竞争，无一例外地是代表国家竞争力的大企业之间的角逐。中石油、华为、中兴、三一重工在美国的困境，都说明这种大国之间竞争的残酷性。

从某种意义上讲，这标志着21世纪初国家制定的关于发展具有国际竞争力的大型企业的战略规划进一步取得成功，具有重要的意义。大企业的标志就是重组，兼并重组才能增强企业竞争力。同时，这种规模化带动了整个国家产业结构的调整。但其中也长期存在同质化的竞争，产业结构亟须调整，资源配置需要进一步市场化。

值得一提的是，供给侧改革、“一带一路”等各种重要的事项都与大企业有关。中国的技术需要依靠大企业才能加码研发，以中国化工和中化集团为例，二者兼并重组，将有利于形成相较于现在更大的规模以及更稳定的交易关系。

南风窗：未来，中国还将有哪些世界500强企业的增量？

李锦：央企只会减少不会增加，而地方国企是非常重要的一块。每个省在国企改革中，最大的动作就是组建大集团，把自己的交通运输、能源等行业做大。可以预期的是，各省的国企整合有望创造新的世界500强企业。近年国资委推动了港中旅与国旅、中粮与中纺、中国建材与中材集团、宝钢与武钢、中储粮与中储棉、中冶与五矿等央企的重组，央企数量进一步缩减至96家。而进入世界500强的央企为48家，可能不再增加，但是地方国企增加是必然趋势，比如厦门建发、厦门国贸和新疆广汇。

其中，山东能源集团2017年度营业收入456.5亿美元，列第234名，比2016年372名提升138名。山东能源集团2017年经济效益的提升，得益于煤炭市场的好转和煤价的提升，实施新旧动能转换重大工程也得益于企业内部深化改革、内涵挖潜等一系列综合创新创效举措。可以预料2018年将有数个地方国企入围世界500强。

第二个增量就是保险企业。这几年保险企业发展得很快，2017年跻身榜单的中国保险企业均拿出了亮眼的业绩表现。这次共有9家中国保险企业入围名单，保险业也是我国新上榜公司最多的行业。

“大而不强”

南风窗：纵向比较近年来的数据，上榜中国企业的销售收益率和净资产收益率两个指标处在下行通道上，这说明中国企业面临什么样的问题？

李锦：世界500强企业上榜标准主要还是经济总量，以规模为主要标志。上榜中国企业的销售收益率和净资产收益率两个指标的下行，说明企业的核心盈利能力不足。

比如，排名第三名的中石油，本身属于垄断性质的企业，但在2017年亏损6.9亿美元，成为榜单前十名中唯一亏损的企业。其产业链封闭和非市场化，开采成本很高，相比之下，美国的石化行业更强。在医药领域，中、美两国企业的利润率同样也相差太远。

越来越多的中国企业进入世界500强，显示中国正在进入以大企业为主导的时代，但是“大”并不意味着“强”。与国际一流企业相比，中国大企业在诸如体制机制、资源整合、创新能力、人才培养、品牌影响力、自主知识产权、核心技术和国际化能力等方面，还存在很大差距，“大而不强”是中国大企业的尴尬。

南风窗：虽然中国企业新兴力量在不断崭露头角，但在产业结构组成中，传统产业的比重依然很重。相比之下，美国各个行业比较均衡，这与中国形成了强烈的反差。对此，您怎么看?

李锦：中国企业产业结构调整明显面临巨大挑战。无论是依赖原材料价格上涨获得利润增长，还是产能兼并重组诞生新的“巨无霸”，或许都还算不上中国经济结构转型的应有之义，企业自身真正的供给升级才是未来经济增长的根本保障。

在经济结构方面，榜单中体现了中国经济几个主要特征，最明显的就是金融强，实体经济弱。2018年上榜的中国企业平均利润只有31亿美元，但中国银行业平均利润则是它的五倍多。

从结构上讲，榜单中我国垄断企业多，能源企业多，房地产企业多，消费性产业几乎没有。虽然中国消费市场很大，但却没有大的企业，我们在商业零售、产业化方面都明显落后于别人。作为参照，2018年美国上榜的没有房地产、工程建筑和金属冶炼领域的大企业，却存在IT、生命健康和食品相关等领域众多大公司，正好与中国形成反差。

虽然中国在上榜公司数量上远远超越排在第三位的日本，但是除了金融业，日本主体是10家电子和通信行业公司以及10家汽车制造业公司，来自具备创新能力的优势行业。作为对比，中国除了金融业，上榜最多的公司多分布在炼油、采矿、房地产、工程与建筑等行业。

现代化经济体系的新动能

南风窗：为什么中国大的互联网企业没有一家是国企？

李锦：国企的政策不行，薪酬体制机制等导致人才缺乏，非市场化经营更是缺乏动力，使得人才不能聚拢来。所以要加强国企的改革，搞活机制，加快市场化的步伐。

事实上，国有企业如果在互联网、装备制造业发展不起来，根本的变化是难以实现的。民营企业的重点主要是在盈利能力强的生活消费领域，所以互联网加制造业的转型还是要寄希望于国有企业加快改革，改变体制机制，聚拢资源、加大研发力度，这样才能让互联网真正进入装备制造业。

中国经济发展的一个重要方面，是中国的军工企业要实现军民融合，让大量军用的技术走向社会生产领域。军工行业的院校和研究所改制应加快，让企业真正市场化。

南风窗：党的十九大报告首次提出构建现代化经济体系，为此就要转变发展方式、优化经济结构、转换增长动力。在此背景下，未来企业发展的重点是什么？

李锦：中国的企业由大到强，兼并重组、迅速扩大规模仍是首选要务，加快技术创新、提高国际竞争力是核心。从盈利模式看，中国上榜公司最多的是资源性企业，主要靠国家政策扶持和资源市场垄断来获取高额利润。资源具有不可复制性，靠此获得的利润属于透支性利润，难以长久。中国进入世界前十强的几家公司都是垄断行业的企业，依赖政府力量的惯性作用还在持续，而世界一流企业的壮大主要靠市场打造。

还有一个重点是，要建设真正的全球公司。优秀的全球性企业有52%的收入来自本土以外的国家，而日本这项比例只有33%，这是日企纷纷跌出世界500强企业榜单的重要原因。反观中国企业，即使是吸金能力最强的工商银行，其境外收入也仅占总收入的5%左右，而不少资源性企业及垄断企业的国际化程度则更低。所以，无论是中石化、中石油、中国工商银行，还是国家电网，并没有成为真正的世界著名品牌。

美国经济则率先从工业基础型经济转变为高科技型经济，美国企业在世界500强企业中即使近年来数量上有所减少，但仍占据着世界领先地位。中国必须要关注和发展新经济，加快民营经济发展。民营企业将成为我国参与国际竞争的新动力。

南风窗：此次公布的榜单中，中国上榜企业中北京企业占了一半，广东有12家企业进入，涵盖制造业、金融、房地产各个行业，也是中国（不含港澳台）唯一超过10家企业入围世界500强企业的省份。中西部地区，则多以煤炭、钢铁等传统资源型企业为主。榜单是不是也反映出了中国经济区域发展的不均衡问题？

李锦：中国的区域经济发展非常不平衡：西部几乎是空白的；北京则主要是央企；广东的民营企业具有标志性，是中国经济起飞的发动机。从不平衡性里可以看出，中国企业的希望在大企业，在盈利性强的企业、高科技企业，广东的民企说明中国的民企也进入了大企业时代。

从省域来看，广东的民营企业具有标志性。广东有12家企业进入榜单，涵盖制造业、金融、房地产各个行业，也是中国唯一超过10家企业入围世界500强企业的省份（不含港澳台），腾讯、碧桂园、华为等盈利性强的企业都在广东。除广州、深圳外，佛山也有两家企业上榜，分别是美的集团和碧桂园集团。总部位于深圳的华为，前不久将研发部门搬到了东莞松山湖，这种区域布局也说明了东莞这座城市极具竞争力。事实上，从省域的角度来说，一个省的资源配置以及大企业的成长都需要具有全球视野。广东是构建中国现代化经济体系一个很好的样本。

2018年还有一个广州的新面孔吸引了人们的注意——雪松控股集团。这家企业既不是背靠政府的央企、国企，也不是金融、地产、互联网等行业的新贵，而是一家多年扎根实体经济的民营企业，由此显示出了广州实体经济不俗的实力。雪松控股董事会主席张劲曾用“新黄埔速度”来形容黄埔区、广州开发区对雪松总部大楼项目的支持。粤港澳大湾区深度整合，标志着这样一个超级城市群的区域经济发展将进入新阶段，经济要素之间的流动更加迅速。

（杨　露）

大城市如何吸引全球化大企业

专家简介

黄志凌，经济学博士，现任中国建设银行董事会秘书。承担和参与研究中国金融改革和发展战略研究会多项课题研究及国家有关部门“建立社会主义市场经济体制”“宏观经济形势分析”“财政政策与货币政策协调”“香港回归”等有关方面的重大课题研究。

导读

大企业为什么选择一个城市作为区域总部？一般而言，交通便利程度、区域辐射能力、税收优惠程度、地方政府的服务能力和亲商性等都是非常重要的因素。

有一个常被我们忽略，但事实上非常重要的因素，就是城市的宜居性。一个城市的整体自然和人文环境对身在其中的居民有着潜移默化的重要影响。在越来越注重生活质量的今天，一个空气清新、居住舒适的城市环境，对提升城市的整体竞争力有着极大的作用。

中国的经济社会发展和对外开放已经进入新的阶段，全球大型企业在华的投资也进入了深耕期。今天，全球化大型企业如何在中国的各大区域和大城市中布局？它们更看重的是什么？中国的各大城市又如何在新的情况下加强自身建设以对各大外企有更强的吸引力，促进本地经济的进一步发展，并在与其他城市的竞争中脱颖而出？《南风窗》记者就这些问题采访了中国建设银行董事会秘书黄志凌。

谁转得快，谁就主动，城市也是如此

南风窗：最近两年，不少外企都在谈论在华机会的减少，您作为一名资深的经济和金融专家，怎么看待这一问题？就您了解，全球化大企业在华的战略有哪些大的调整？

黄志凌：我不知道是不是真的存在这个问题。我认为，个别外资企业在华经营困难是有的，有的企业调整了在华业务，有些搬迁到东南亚或其他地区。但是，总体上并没有出现所谓撤离潮，至少我没有看到大量外企离开中国的趋势。

外企进入或离开中国，取决于中国市场的引力。如果中国市场仍然有足够引力，它们会留下来，甚至还会有更多的企业加入进来。就消费市场而言，2005年至2015年间，中国社会消费品零售总额从6.84万亿元上升至30.09万亿元，增长了3.4倍，年均增速15.98%，不仅总量稳居世界第二，增速也位居世界主要经济体前列，不仅总额增速超过GDP增速，并且消费领域里很多细分行业的增速都超过了GDP增速。从趋势上看，中国现在人均GDP达到了8000美元左右，而且每年仍然保持全球领先的增长速度。更重要的是，中国有着13亿多的庞大人口基数，这是一个巨大的消费和内需市场，前景广阔，这样大体量的活跃经济体，全球是很难找的。

从市场上来看，我国人均GDP步入中高收入阶段以后，在一线城市、东部沿海地区不断壮大起来的中产阶层，对生活品质要求迅速提高，居民消费需求结构与档次基本接近发达国家水平。已经从“基本可用”的低端水平向“更优更好”的中高端水平迈进。而消费品供给结构与档次的调整升级缓慢，一方面供给制约消费需求，巨大的潜能无法实现，另一方面低端落后产能过剩，部分企业经营困难。所以不仅是部分国内企业，一些提供低端产品、拥有落后产能的外资企业也过不下去了。这个时候，一些相关企业作出调整，将生产线迁出中国，到东南亚、非洲等成本更低的地方，是很正常的。

中国经济这两年正在升级，由低端制造、落后产能向中高端产品、先进产能转换。随着经济的转型，中国经济发展动力由投资拉动转向消费驱动，而且消费空间刚刚打开，中国将是全球最有潜力的市场。我相信全球有投资眼光的企业家，都不会忽视这样一个市场。因为比较而言，有的国家人口众多，但是人均收入过低；有的国家收入相对较高，但是人口体量没有中国这么大。换句话说，20世纪80年代中国刚改革开放的时候，主要面临的是温饱问题，这种低端需求当时就对全球企业产生了强大的引力，现在随着经济总量扩大、人均收入水平提升、消费需求结构升级，市场引力更不会小。为什么所有国家、全球企业家都会盯着美国？还不就是因为其经济体量大、市场引力大。

南风窗：您所说的巨大消费市场，应该是建立在中国经济持续稳定发展的基础上的。

黄志凌：冷静观察中国经济发展轨迹不难发现，中国经济从金融危机之前连续上升趋势、金融危机时期大幅波动进入目前较为稳定的中高速增长区间运行。数据分析显示，1999年至2007年中国经济增速保持在上升通道。随着金融危机带来国际经济环境的剧烈变动，中国经济增长在2008年至2011年间也经历了较大波动。从2012年开始，中国经济运行发生明显变化，经济增速虽然有一定的下行压力，但始终平稳运行在6.5%至8.5%的区间，形成了一个新的增长通道。预计未来中国经济增速也不会发生破位性变化，将继续呈现相对平稳运行态势，也就是说大起大落、剧烈变化的概率很小。

我们还可以观察到，中国经济不仅趋稳，而且还出现了明显升级趋势。譬如，过去我们出口的商品是以劳动密集型的中低端加工品为主，随着国际需求变化和国内劳动成本上升，出口企业在金融危机之后面临前所未有的困难。但最近两年发生了改变。仔细分析一下数据会发现，出口负增长的都是加工贸易，一般贸易并没有受到太多的影响，高科技产品的出口还在迅速增加，这说明我们的经济已经在转型升级了。

2015年底，亚洲开发银行曾发布报告表示，中国已经终结了日本作为亚洲最大高科技产品出口国的历史。2014年，中国出口的医疗设备、航空和通信器材等高科技产品占亚洲高科技产品总出口额的比例已经从2000年的9.4%上升至43.7%。而日本出口的高科技产品比例则从2000年的25.5%下降至7.7%。包括马来西亚和菲律宾在内的东南亚国家的出口份额也有所下降。同一年，低科技含量产品在中国出口产品中所占比例为

28%，较2000年的41%有所下降。尽管仍有许多关键部件从其他国家进口，但中国在高科技制造领域已经取得了很大的进展。

低端产业持续萎缩，GDP痛感明显，但必须承受。最先受到金融危机冲击的东部地区正在走出阴影。转型升级，谁转得快，谁就主动，区域如此，城市如此，企业也是如此。

在经过40年的高速发展后，中国在全球的定位必须变化。中国的环境、劳动力和土地等成本已经无法支撑原有的“全球中低端产品世界工厂”的定位。我们只有向中高端转型升级。只要定位准确，坚持不懈，再经二三十年的努力，我们就有可能成为先进的、中高端产品的制造基地。我们现在应该做的，不是挽留中低端产业，而是要尽快升级到中高端。

在这一过程中，我们首先要面对的、依托的仍然是巨大的中国内需市场，再在此基础上寻求与欧美市场、其他新兴市场的错位竞争。

城市定位做得越好，潜力越大

南风窗：正如您上面说到的例子，现在中国经济的发展，不仅仅是区域之间的竞争，城市作为独立的经济单位越来越重要，城市与城市之间的竞争越来越激烈。您认为这对中国的城市发展会有哪些重大影响?

黄志凌：经济升级的过程，往往伴随着城市的分化过程。比如，在上一轮经济全球化的过程中，制造业的全球化转移既有新兴城市经济体的迅速崛起，也有像美国出现的“铁锈地带”城市。

我们现在已经可以明显感觉到，自从2008年全球金融危机至今，中国的城市已经发生了明显的分化。之前中国的大部分城市相差并不大，虽然体量不一，但外形类似，发展思路也类似，都是按照GDP、招商引资、开发区、商业区等指标来考量城市发展的。

但随着经济升级步伐的加快，城市的功能开始分化。各个城市越来越重视城市独特的功能定位和经济结构优势。我们发现，往往是那些定位做得好、能集中资源在某些方面取得突破的城市，发展的情形越好，潜力也越大。

城市的决策者也越来越认识到了这个问题。比如，新一轮的北京城市定位，按照京津冀一体化要求，明确提出疏解传统经济功能。上海则突出自己的金融中心优势，同时加强国际航运中心、高端服务业中心和科技文化产业中心的地位。广州则选择了“建成枢纽型网络城市”的发展战略，提出要建设国际航运枢纽、国际航空枢纽和国际科技创新枢纽。

南风窗：就您了解，全球化大企业在选择区域总部时的主要考量因素有哪些？具体而言，有哪些具体的可借鉴的经验和教训？

黄志凌：大企业为什么选择一个城市作为区域总部？一般而言，交通便利程度、区域辐射能力、税收优惠程度、地方政府的服务能力和亲商性等都是非常重要的因素。

除此之外，大企业还会更多地考虑为雇员提供理想的生活环境，譬如良好的社会治安、秩序，便利的生活环境，还有人文基础，大学、科研院所，良好的教育、医疗，便捷的城市交通等，都是重要考量因素。

还有一个常被我们忽略，但事实上非常重要的因素，就是城市的宜居性，一个城市的整体自然和人文环境对身在其中的居民有着潜移默化的重要影响。在越来越注重生活质量的今天，一个空气清新、居住舒适的城市环境，对提升城市的整体竞争力有着极大的作用。

看看这轮中国房价上涨的数据，我们会发现，除了北京、上海这样资源集中的超级城市外，像厦门、苏州和杭州等一些环境优美的城市的房价，往往比经济发展潜力相似的其他城市要高得多，这就是人们对城市生活的市场化投票。一些比较人性化的外企，会很注重给员工提供更好的居住环境，认为这样能激发员工的创造力。居住舒适度高的城市，员工素质也相对较高。

另外，从精神气质上而言，一个城市要有活力，才能留得住人才。这就需要城市具有开放、包容的气质，对人友好，“有容乃大”，才能建成海纳百川的国际化城市。就像说起国际化城市，我们常常会想起纽约一样。

南风窗：广州还提出要打造“全球重要的国际交往中心”，您怎么看待广州进一步发展的动力和空间，广州如何在新一轮全球城市竞争中脱颖而出?

黄志凌：广州是一个有巨大发展潜力的城市。从最早的十三行贸易开始，广州就是中国对外开放的重要中心城市之一。尤其重要的是，在新的全球化格局中，随着中国经济影响力的提升，广州的经济影响力事实上已经从中国的华南地区密集地辐射到整个“南海经济圈”，乃至非洲和中东地区。

现在全球有三大活跃经济圈，即主要包括美国、加拿大和墨西哥的北美经济圈，欧盟经济圈，以及包括中、日、韩、东盟、印度和澳洲等在内的东太平洋和印度洋区域经济圈。其中我们所在的最后的这个经济圈中，互相之间结合不像前两者紧密，但是相对而言是最为活跃的。尤其是包括中国的珠三角和东盟这一块，我称之为“南海经济圈”，经济发展稳定，中产阶层整体兴起，市场潜力巨大，是当前全球企业争夺的重要市场。中国的企业现在在东盟和澳洲等地的发展深度和广度都非常大。

我们看一下世界地图就会发现，广州正好处在中国的珠三角与东盟、澳大利亚等重要经济发展区域的中心位置，是南中国开放门户，面向整个东盟、澳大利亚、印度和非洲等。广州如果能做好中国与这些地区之间的交往互动中心，成为其中的贸易、高端服务业中心城市，其前景不可限量。

当然，要成为这样的中心城市，必须要有城市自身的整体提升。像香港和新加坡这样的国际化商业城市，有许多值得广州学习的地方。和经济升级相关的，都必须要进一步成熟起来。在这一点，中国内地的城市目前还存在很多不足，基本上是处于同一起步点的。这就是中国经济升级的城市版。中国经济升级，需要产业、基础设施、科教文卫等各方面的升级，同时也需要作为整体的城市的升级。

最后我还想强调一下，分析现代市场经济国家“大企业”与“小企业”的经济结构特点，并不是畸轻畸重的战略偏好，而是有机结合的战略安排。纵观“二战”以后发达国家经济战略，在经济学界存在这样的共识：一方面，国际竞争与国际地位取决于大企业的数量与质量，尤其是在全球有影响力的跨国大企业的数量与质量；另一方面，国内稳定与经济基础往往取决于小企业的活力，尤其是在为大企业服务中脱颖而出的专业化小企业和深入为居民服务的百年老店的活力。二者不可偏废，否则将导致战略畸形，使经济增长陷入不可持续的局面。

（覃爱玲）

中国企业如何真正实现国际化

/专家简介/

丁远，中欧国际工商学院副院长兼教务长。2000年获法国孟德斯鸠—波尔多第四大学会计学博士学位；2005年获法国国家级会计学博士生导师资格。法国HEC管理学院会计与管理控制系的终身教授。

/导 读/

按照中国的经济结构和企业发展水平，现在已经到了对外投资发展的时候。中国企业坚持走“国际化”路径是为了寻求新的战略资源和竞争能力升级，升级能力是为了更好地参与国内外市场竞争。那么如何通过海外收购更好地拓展中国市场？要通过外力，将国际化的海外资源获得能力应用于国内市场发展。企业能力升级后，与其他本土资源结合，包括低劳动力成本和资金成本等，再参与国际市场竞争，这个国际拓展的过程实际上就是将中国优势应用于全球的过程。

随着经济全球化和竞争的国际化，中国企业越来越多地开始跨国经营，甚至跨国并购。在“一带一路”倡议的影响和带动下，国家、区域和城市的经济联系被更深层次地串联起来。

作为中国首倡、高层推动的倡议，“一带一路”是在平等的文化认同框架下谈合作，对中国现代化建设具有深远意义。它将整合发达国家和发展中国家的资源，使得各方都将从更低的运输成本与标准服务中受益。

当国际化趋势来临，提升企业国际化管理能力就变得非常迫切。那么，中国企业如何真正实现国际化？就这一个问题，《南风窗》记者专访了中欧国际工商学院副院长兼教务长丁远。

新的商业机会

南风窗：参与“一带一路”倡议的有英、德这样的发达国家，也有更多的欠发达经济体。这能给作为“一带一路”重要枢纽城市的广州带来什么样不同的发展机遇?

丁远：大家一提到全球市场，首先就会想到欧洲市场和美国市场。欧洲市场与中国市场的互补性很大，欧洲的技术和品牌对正处于消费升级、服务升级阶段的中国来说市场价值非常大。

按照世界银行对全球经济体GDP正常增长的预测，到2020年，亚洲新兴经济体会实现爆发式的增长。这个亚洲新兴经济体中，最核心的就是中国和印度。阿里巴巴、腾讯等国内的互联网公司在市值上超过美国的互联网公司是一件很自然的事情，因为它们倚靠的是中国广阔的市场。未来全世界主要的中产阶级主要就分布在亚洲新兴经济体当中，而北美洲和欧洲的这部分人群的增量会变得很微小。再往后发展，来自中东和非洲的机会也将逐渐增加，这些地区将成为新的消费增长点。

南风窗：在规避政治、政策风险方面，发达国家和欠发达国家有所不同吗？您对中国企业有何建议？

丁远：事实上，民选国家和所谓权威主义国家之间有很大差别。在发达国家不要对政府寄予太大希望，比如在德国和瑞士。在它们的市场经济中，政府不对企业做什么干预。这些政府也没有办法给予企业优惠和补贴。中国企业要避免的风险就是不同政治利益之间的炒作。同时在国外选举的敏感期，千万不能把企业变成媒体的焦点，防止被一些候选人当作政治资本利用。

“走出去”的步伐加快

南风窗：为什么有这么多企业坚持走“国际化”的路径？您觉得“国际化”的路径具体该怎么走？

丁远：按照中国的经济结构和经济发展的水平，已经到了一个大量对外投资的时候了，这是中国经济发展到现在的必走之路。中国企业“走出去”步伐加快，特别是“一带一路”倡议提出以后，“走出去”已经成为一种趋势。如何让对外投资保持平稳发展？最好的办法就是让企业自己做决定，企业也要为自己的决定承担责任。

中国企业坚持走“国际化”路径是为了寻求新的战略资源和竞争能力升级，升级能力是为了更好地参与国外内市场竞争，那么如何通过海外收购来更好地拓展中国市场？要通过外力，将国际化的海外资源获得能力应用于国内市场发展。企业能力升级后，与其他本土资源结合，包括低劳动力成本和资金成本等，再参与国际市场竞争，这个国际拓展的过程实际上就是将中国优势应用于全球的过程。

在中国企业中，唯一一家走完了这个循环的企业就是联想的个人电脑业务。它完成了IBM收购，中国市场、海外市场双轮计划，最后成长为全球化的个人计算机公司。

南风窗：从执行层面来看，广州这样的老牌一线城市的产业结构处于调整转型阶段，公司在海外并购的时候需要注意哪些具体的问题？

丁远：企业并购的时候，可以问自己两个简单的问题：第一个问题，现在的东家为什么要把公司卖给我？这个问题非常重要，你可以自己去找个第三方行业咨询公司，让它为你做出报告，包括这家公司的经营情况、售卖意图等。第二个问题是，我凭什么能比现在的东家做得更好？你付出了溢价获得公司，如果经营得仅跟老东家一样或者更糟，这是不创造价值的。

从执行层面来看，企业对目标行业要有深度的了解，包括行业的周期、对供求的动态跟踪，还要理解行业的前景。很多企业使用的数据往往都是静态的、滞后的，导致企业在做决策的时候也是后知后觉，等决策出来的时候市场的供求关系已经发生了根本性的变化，这对企业决策来说是很致命的。在行业前景的问题上，也千万不要想着“逆水行舟”，要学会“顺水推舟”，找准风向顺势而为。

此外，对目标企业的行业地位一定要认清，确定企业有没有提升的空间。技术和研发能力也是考察标准之一，因为研发能力代表其未来。要了解目标企业的人心、管理团队的能力和稳定性如何，自己能否建立一些合理的激励制度把他们留住。最后，最重要的一点就是确定与收购方公司的文化契合度及协同效应如何。在并购定价的问题上，用清算法寻求自然资源，用持续经营法来寻求能力资源。在这个过程中，应该更关心目标企业的利润情况和盈利前景，而非规模大小。

经济的一体化

南风窗：中企出海需要金融机构助力，在北上广深这样的一线城市，金融机构正在迅速崛起，但也有人认为中国的金融机构尚且不具备纵横海外的实力。您认为呢?

丁远：中国金融机构的海外发展难度还是很大的，最大的难度就是中国金融机构的国内市场太大，造成金融企业去海外拓展的动力不足。很多英国、法国的金融机构向外拓展是因为国内市场很小，迫使它们必须去做跨国的业务。此外，国内商业银行的业务比较单一，很多海外企业的需求它们满足不了。很多金融上的配置都需要外资银行来做，中资银行参与的不是特别的多。值得一提的是，一般金融机构海外拓展不是自己去国外创办，多是通过并购的方式来建立海外业务机构。这一块中国发展得也还是比较慢，可能还是与监管上的限制有关。

南风窗：中国现在的资本管制，在未来会放松吗?

丁远：按照周小川的说法，中国将进一步扩大金融业对外开放。这个问题的核心就是监管部门究竟要管什么，如果更多的是盯着一些非常指标性的东西，比如汇率，那么压力会很大。这是监管的一个哲学思想的问题。2017年对海外投资限制主要是看到外汇储备急剧下降，2018

年主要是因为金融风险的问题。政府本身的干预是对的，很多企业在海外投资的过程中确实存在问题，比如企业买来长期的、没有流动性的资产，甚至很多资产都是溢价的。

政府的决策在短时间内可以解决问题，但长远来看，投资还是属于企业行为。按照中国的经济结构和企业发展水平，现在已经到了对外投资发展的时候，未来中国出去一千亿美金很正常。让企业自己去做这个决定，而不要出现“一放就死，一抓就乱”的局面。政府的干预容易让企业不愿做投资，或者让企业做了投资而不承担责任。不同的企业有不同的需求，政府可以让企业去做自己的判断。

南风窗：一般民众最初认识到“一带一路”的时候，就是我们的基础设施建设走出去的时候。您怎么看待这个问题?

丁远：“一带一路”沿线的很多国家都处于发展初期的状态，投资不足，需求也不足，因此如何形成一个发展的良性循环是关键。中国的发展模式就是，由政府主导来加强基础设施建设，通过一系列现代化建设来拉动消费、降低区域和外部沟通的成本、带动就业、带动房地产的增值、给金融带来了更好的抵押物，从而促进金融的发展。这个过程培育了需求，刺激了消费，带动了就业。

肯尼亚有一条中国承建的新的铁路建成通车，东起肯尼亚海港城市蒙巴萨，西至首都内罗毕，贯穿境内八个郡。它将作为东非铁路网的第一段，直插非洲腹地，成为连接沿海与内陆的重要交通枢纽。比较一下铁路建设前后就会发现，这条铁路彻底改变了整个地区的经济面貌。铁路建成后，沿线火车站的地价就开始涨起来了，货物流通了，交流畅通了。从动态的角度去考虑，这些国家穷就是因为交流不畅。

而且，中国这一次对“一带一路”沿线国家的投入和原来这些国家殖民地时期宗主国的投入的概念是不一样的。宗主国的投入是单线联系的，仅仅是国与国之间的对接。这些国家之间从未有过区域性整合的考虑，而中国就在做这件事，对整个区域基础设施进行一体化的整合。无论是在中亚还是东非地区，中国都在进行一体化的建设。这些区域第一次在历史上产生了真正的区域经济一体化和批量经济的价值。

除了硬的基础设施建设外，还有许多软的基础设施，包括通信、电力、网络等建设。现在从国内的工商银行美元转账到南非的标准银行只需要15分钟，但是在巴黎的一个银行转账给在巴黎同一银行的账户，第二天才到账。可见，基础设施建设会大大提高所在国家的办事效率。

“一带一路”倡议将成功的中国发展经验带到沿线地区，将拉动当地的经济发展，整合发达国家和发展中国家资源，让各方都从更低的运输成本与标准服务中受益，同时可以解锁东南亚、南亚和中亚、中东欧和非洲市场，促进贸易、资本和货物的流通。

（杨　露）

雀巢转型中的好奇心与创造力

专家简介

董玉国，雀巢大中华区集团事务副总裁。2009年6月至今担任此项职务，负责集团公共关系、政府事务、公共事务、内部沟通以及创造共享价值。

导读

雀巢的瑞士性格有两面性，除了审慎、实事求是以外，还始终保持着好奇心与创造力，希望能在中国市场积极谋变。改革开放以来，广州的市场开放度很高，对外资来说是很大的吸引优势。广州的城市规划想得很长远，分类很细致，不但有专门的开发区，还有特定的食品园区，这对聚集产业起到了很好的作用。

雀巢是最早进入中国的外商之一，2018年是雀巢进入中国的第31个年头，与中国经济的迅速发展基本同步。20世纪80年代之前，国人并不是咖啡的常见消费者，甚至不知道雀巢，如今它已成为家喻户晓的公司品牌。雀巢既分享了中国发展的果实，又为中国经济发展做出了重要的贡献。

这家跨国巨头具有鲜明的瑞士企业特色，带有瑞士人特有的保守气质。“雀巢进入中国的轨迹，也恰恰证明了它的中长期战略属性。”财经作家汪若菡在《创造共享价值》一书中写到，在中国，雀巢的经营方式是典型的长期投入型，在全国各地建设工厂的同时，像牛奶、咖啡这样原本需要进口的重要生产原料，一一被雀巢在中国本地建立的供应链取代。从生产和供应来说，雀巢销售的都是本地产品。

雀巢在全球各地都有创造这样的“端到端”的食品供应链，在这种供应链中，雀巢更强调小农户的利益和自由选择权。当然，雀巢投资奶区和推广咖啡种植技术并非慈善行为，而是基于长期利益的考虑——建立一个开放平稳的农业社区，不断提高农户管理水平，同时减少采购成本。

能做到这一切，必须要有足够的规模优势和雄厚的资本，更重要的是需要有一个稳固坚实的价值观和长远的战略眼光。在雀巢150余年的历史中，它经历了很多激烈的辩论，相当大一部分来自公共组织、媒体对雀巢处理问题的方式的批评，这种保守、审慎的节奏在数字化时代备受质疑。

如今，中国已经成为雀巢的第二大市场，城镇化运动在近年来达到了其速度的峰值，跨国企业所依赖的“大国红利”被吃尽。消费市场在迅速地发生变化，而雀巢一直努力想要追上中国市场的变化，加快自身的反应速度。

从雀巢中国的官网上看，雀巢的产品涵盖十几个领域，传统的奶制品及婴幼儿营养品、饮用水、烹调产品、谷物食品、咖啡、饮品、巧克力威化和糖果、冰激凌、食品工业原料、专业餐饮、宠物食品，还包括近些年雀巢投入大量精力研发的特殊医学用途配方食品等。此外，徐福记、银鹭、太太乐、大山矿泉水、五羊冰激凌以及在西南市场讨人喜欢的豪吉等，这些在中国消费者印象中接地气的本土品牌，其实都是雀巢大家族里的一员。

《南风窗》记者采访了雀巢大中华区集团事务副总裁董玉国。在他看来，雀巢的瑞士性格有两面性，除了审慎、实事求是以外，它还始终保持着好奇心与创造力，希望能在中国市场积极谋变。

并购中国本土品牌，保持活力

南风窗： 跨国公司进入中国总会有一些改变，雀巢“本土化”的策略体现为过去几年积极收购中国本土品牌，并尽可能地雇佣本土的员工，使用本土的原材料。要驾驭这样一个庞大的组织，雀巢如何保持作为外来品牌的活力?

董玉国：雀巢采取了灵活的管理模式，各个地区市场在执行层面拥有很大自主权，尤其是在市场营销和创新服务方面，这使得收购品牌的目标得以顺利完成，能够继续拓展自己的发展之路。公司非常放权，像我是在大中华区工作，我很少打电话给总部咨询他们我该怎么做。总部会制定总的行事规则来推动整个集团发展，但会尽量减少对地方公司的干涉。

有些大的食品企业会非常自豪地说，走到世界的每一个角落，都保证它的产品口味是完全一致的，这是它的优势所在。而雀巢刚好相反——你走到世界每一个市场，我保证你喝的雀巢咖啡口味不一样，因为雀巢的认知是口味一定是本地化的。这是两个不同模式。

像中国这样庞大的市场，我们尽可能地采用当地的原材料，在当地做产品开发和当地销售，这样才能保证我们的产品接近当地人的口味，我们通过这样的品牌去跟消费者沟通，为消费者提供服务。

跨国食品企业这么庞大，这么多样的产业布局，包括四个研发中心，包括上游的奶牛养殖，还包括咖啡中心到30多家工厂，等等。所以公司在这方面是做好了，做足了，长期发展的基础设施都在这。

从整个发展的足迹来看，当年跟太太乐的合资，到后来跟银鹭、徐福记的合资，都是重要的节点。每一次合资之后，雀巢在中国的业务量和业务内涵都发生了质的变化。比如太太乐，在收购太太乐之前雀巢只有美极鸡粉，这是个在欧洲非常成功的品牌，但是它毕竟是一个西方品牌，进入中国厨房还是有很大难度的，因为中国人的胃口还是蛮顽固的。太太乐当时是一个在当地冉冉升起的本土品牌，合资之后就采用前面我说的对合资企业的管理模式。可以看到，太太乐从当时上海一家小品牌发展到了目前一个全国品牌，十几年来业务增长了十几倍。这是一个非常成功的案例，而且太太乐已经成为雀巢集团生产鸡精最主要的一个基地了。

南风窗：2018年是改革开放四十周年，经济全球化的背景下，更多的企业在国际竞争和合作中成长了起来，这是市场竞争和产业调整的正常结果。雀巢有着众多的产品生产线，面对的竞争对手也很多，雀巢是如何看待这些同行，怎样处理与它们的关系的？

董玉国：我们国家改革开放后引进了很多国外的公司，包括雀巢，外资对国内企业的影响还是很大的。国内的很多企业，以前产品质量问题比较多，现在都越来越注重品质了，从逐利型企业转向打造消费者认可的品牌，这就是外资进入中国后的一个正面影响。

当然，食品企业面临的竞争无处不在，有时候甚至想不到你的竞争对手在什么地方。随着国内品牌的崛起，竞争越来越大，我们只能去寻找更多的突破空间。

2008年是一个重要节点，雀巢开始了根本的转变，其中有两方面。

一方面，是要从传统的食品饮料品牌向营养健康品牌和幸福生活品牌转型。当时，我们已经意识到咱们现在买食品不是为了简单地饱腹，有更多的含义在里面。其中，重要的方面就是营养健康。所以我们最近这几年成立了新的业务机构，比如说雀巢健康科学业务部。

另一方面，业务边际也不断拓展。既然是从传统意义上的食品饮料向营养计划型的生活品牌过渡，而对一个消费者来讲，营养健康的概念很广，除了吃之外，我的皮肤是不是也受影响？所以雀巢在几年前又成立了一个皮肤健康公司，在不断地拓展产品线的边界，为今后的发展奠定基础，这是朝向高科技企业转型。其实食品行业当中也有很多技术含量。雀巢花巨资建立了世界食品行业里最大的研发网络，有五千多位科学家在研究探索更科学、健康的食品。

互联网与新零售的机遇

南风窗：新型城镇化蕴含了消费升级巨大的潜力，消费者也更加个性化，这是对雀巢反应速度和灵活性的考验，这些考验给雀巢带来了什么样的影响和变化？移动互联网和新零售又给雀巢带来了什么样的新机遇？

董玉国：如果要将咖啡做得个性化，我们其实做不到，因为我们公司的业务模式是工业化生产，但就看你怎么界定个性化。我们会按照目标人群的个性化做，整个中国有一个消费升级的趋势，在全球各个市场也一直追求这一方面。雀巢既有低端产品也有高端产品，我们把国外的一些产品介绍到国内来。同时，国内的品牌我们也在做高端产品，而且我们也希望这高端产品做成功，并向国外输出。我们的咖啡已经卖到泰国以及其他市场。

国内的电商发展得太快了，真的太快，有点措手不及。既然身在这个大的环境当中，你必须得迎头赶上，在这方面雀巢做了很多的工作，这几年电商的业务增长非常快。另外一块就是跨境电商的发展，事业一下开阔了，消费者对高端品牌需求更多了，所以我们会加快引进。

广州提前规划的优势

南风窗：我们了解到，雀巢早年间就收购了广州本地老字号“五羊”品牌，您觉得广州作为改革开放前沿，在吸引跨国企业上具有何种优势？未来还有哪些可以努力发展的方向？

董玉国：广州是我们国家开放比较早的地方，也是雀巢在国内投资比较早的地方。改革开放以来，广州的市场开放度很高，对外资来说具有很大的吸引优势。其实在以前，外资企业到一个城市投资，可能会比较注重这个城市能给多少税收优惠。但现在对于外资进入某个城市来说，这些都是次要的，最关键的在于能够建设工厂，让企业心安理得地去运营。

最初外资刚进入中国的时候，国内也刚刚开始发展，没有那么强的规划意识。现在，我们很多三十年以前建的工厂变成了城市需改造的一部分，让外资企业面临挑战。广州在这方面做得很好，城市规划就想得很长远，分类更加细致，不但有专门的开发区，还有特定的食品园区，这对聚集产业起到了很好的作用。

（杨　露）

宝洁中国30年，创新再出发

/专家简介/

许敏，宝洁大中华区电子商务总裁、媒体及品牌运营总裁。1997年加入宝洁，拥有跨6个品类、7个品牌的品牌管理经验；不仅对中国市场有深入了解，也曾管理过宝洁在日、韩等市场的业务。

/导　读/

宝洁在中国市场30年，最初的模式是把宝洁全球的优质产品引入中国，而现在的模式更多的是根据中国消费者的需求，对产品和服务进行研发和创新，并把中国领先的技术和模式介绍到西方去。

20世纪七八十年代的广州，家家户户都在用电车牌肥皂，生产它的广州肥皂厂是当时广东省内著名的日化企业。1988年8月18日，宝洁公司进入中国就选中了它，与香港和记黄埔（中国）有限公司及广州经济技术开发区的进出口贸易公司一起，在中国组建成立了合资企业——广州宝洁有限公司，从此开始了宝洁中国业务的发展。

三十年来，宝洁这个全球日化的王者慢慢地进入了中国人的头发护理、衣物洗涤、口腔保洁、肌肤健康等日常生活的方方面面。如今，消费者需求随着中国经济的发展也发生了翻天覆地的变化，在这个改变明显的过程中，宝洁前行的动力就是消费者需求背后非常强力的创新支持。宝洁在中国市场的不断探索，显示了其对中国市场这一除本土之外最大市场的发展充满信心。

宝洁在中国市场的发展大体经历了三个阶段：

第一个阶段，是市场启蒙阶段。20世纪80年代，中国南部经济开始活跃起来，宝洁选择从广州进入中国市场。当时，洗衣粉是宝洁在世界其他地区利润最为丰厚的产品，但似乎那个年代的中国人对“如何把衣服洗得更干净”并不那么感兴趣，人们反倒更注意洗发，愿意为之掏腰包。于是，宝洁选择了用海飞丝洗发水来开拓中国事业。洗发水这类产品与那个年代中国人的消费水平极为不符，在海飞丝进入中国市场之前，人们一直都在用肥皂洗头。后来，海飞丝家喻户晓，在每个村镇店铺最显眼的位置都挂起了长长的一条条小袋装的海飞丝洗发水。

第二个阶段，从国外引入产品。在此前很长一段时间里，宝洁瞄准的是中国庞大的中低端消费市场，当时每个人或多或少都使用过宝洁那些耳熟能详的品牌，海飞丝、飘柔、护舒宝、佳洁士等。

但经济的迅速发展带来城镇化的推进和人均收入的增加，随之而来的则是消费品的升级和换代，包括高品质的个人护理产品等。这种情况下，宝洁也开始从欧美市场引进更多的高端产品满足国人的消费需求。宝洁大中华区传播与公关部副总监钟浩源对《南风窗》记者表示："我们进一步会把更加多的资源放到中国来，然后更加明确细分市场，把更多合适的高端和超高端产品引入。"

Olay（玉兰油）一直被称赞为宝洁的成功案例，其作为大众护肤产品线在中国最大的一块业务就是美白的业务，欧美人没有这样的美白需求，这块业务量其实是非常小的。但这个本土化创新的产品在中国市场获得了巨大的成功。

第三个阶段，由中国市场来引领全球做消费升级。第二阶段的"引入"给国人留下了一定的刻板印象，似乎产品创新都是由欧美完成，而中国只是"接盘侠"的角色。事实上，这个模式宝洁早已改变。

"最近，像飘柔Micellar微米卸妆科技洗发水，还有Olay的小脸精华，以及潘婷的钻石双管精油，这些都是为中国的消费者量身订制的，并且我们把这些产品现在输出到日本、东南亚、美国。"

2018年恰逢宝洁进入中国市场30年，宝洁大中华区总部又设在广州，《南风窗》记者专访了宝洁大中华区电子商务总裁、媒体及品牌运营总裁许敏。

消费升级的机遇

南风窗：我们了解到宝洁在中国农村营销与城市营销有不同的策略，新型城镇化蕴含了消费升级巨大的潜力，这是对宝洁反应速度和灵活性的考验，这些考验给宝洁中国带来了什么样的影响和变化？

许敏：从业务上来讲，宝洁在中国这30年经历了很多风雨。我们看到，在2018年当中，宝洁正在进入稳步增长的正向循环状态。2018财年，我们在中国的十大品类产品里面，九大品类产品都实现了连续多季度的增长。

在业务总的正向增长当中，我们还看到了一些亮点：

一个是电商业务。我们的电商业务得益于中国互联网的发展，已经连续36个月保持双位数的高速增长，特别是2017和2018财年前三个季度的增幅超过了30%。

电商业务给宝洁带来的不光是业务的增长，同时也带来了对更多年轻人和高消费群体的感知。所以，我相信电商业务的增长对扩大我们的品牌影响和渗透率会有一个长期的影响。

我们另一个业务亮点是整个的美妆品类，无论是高端线的SK-Ⅱ，还是大众线的Olay，在2017和2018财年前三个季度都保持高速增长，SK-Ⅱ更是已经连续几十个月保持高速增长了。增长不仅是在电商渠道，我们的专柜、百货店都有全面开花的结果。总的来讲，经过了产品线和业务模式的调整，我们正在进入一个正向的循环，在重新进入一个增长的轨道。

南风窗：宝洁现在的瘦身工作已经大致完成了，我们看到宝洁整体的业绩在稳定增长，这背后是宝洁精简后的品牌发挥了自己更强大的市场竞争力。请您具体介绍一下宝洁的瘦身策略。

许敏：我们的瘦身是两部分的。一部分是我们整个产品线的瘦身，过去我们有一些跟主营业务关联不是很大的产品线。比如说我们之前的咖啡和食品业务，它们分散了很多其他的精力。瘦身工作能够让我们更加专注于核心业务的产品线。

同时，我们对区域的运营也做了很多瘦身。以前我们的精力是被整个全球市场所稀释的，北到北极，南到非洲和拉美，我们基本上把每个市场都看得差不多。但是通过瘦身，我们把中国放在了一个更高、更重要的位置上。这也使得公司可以在中国投入前所未有的资源和精力。

以前因为一盘棋下得太大、太散，每一步都走得很慢。现在因为专注在几个品类，专注在中国、美国这些核心市场，整个的速度就加快了很多。

我们看到，专注给我们带来了增长，让我们有了很多新品。过去半年，我们有40个新品上市，这个是同期的三倍，以前我们一年只有十几个新品。我们对中国市场的专注发挥了很好的作用，我相信会带给中国消费者更好的创新产品。

瘦身也会有一些短期的痛苦，比如财务报表上的利润掉了很多，其实不应该只从数字上来解读财报，因为跟2017年同期的比较，虽然表面上看利润降了很多，但实际上我们整个产品的结构是更加健康的，我们的创新能力也是更好的。

南风窗：城镇化加速的同时整个人口结构也趋于老龄化，从人口红利变成中产红利，对这方面的趋势变化您有什么样的体会？

许敏：我觉得有几个趋势。一个就是今天消费品行业的人口红利其实不多了，但是存在巨大的由消费升级带来的红利。比如说洗发水、沐浴露在使用量上不会有太大的增长，但是我们通过提供给消费者更好的产品，让大家实现消费升级。

另外，我们也在创造更多的消费场景。目前在中国，人群有一个圈层化的趋势，我们非常希望能够配合今天的人口圈层化来打造我们的品牌矩阵。我们很多品类都有多品牌，为什么要做多品牌？就是为了满足不同圈层化的消费者的需求。

南风窗：电商渠道的发展是不是有助于更快地了解消费者需求？移动互联网和新零售给宝洁带来了什么样的新机遇？

许敏：以前如果要推一个新品牌，没有三五年的调研做不来，但是三五年对中国来讲太长了。我们现在有一个非常灵活的引进机制，基本上六个月之内就会做决策要不要把某种产品带到中国来。

跨境电商不仅是自由的贸易途径，对更多潜在品牌和潜在市场来说，也是一个绝佳测试平台。宝洁可以在短时间内把新品牌带给消费者，并且立即看到消费者对品牌的反馈，这大大降低了新品牌进入新兴市场的风险。今天整个电商的业务模式是一个加速器，给了我们很大的空间，让我们能够创造和引进更多的品牌。

在竞争中创新

南风窗：跨国公司进入中国总会有一些改变，宝洁在中国市场遇到的情况，与在其他国家相比，最大的不同在哪里？

许敏：其实对宝洁来讲，我们一直不觉得在中国我们是一个美国公司，因为很明显，要在中国把业务做好，我们必须成为一个有“中国心”的中国公司。这里面最核心的问题是要解决中国消费者的痛点，满足中国消费者的需求，而不是把为其他国家设计的产品强加给中国消费者。

这个策略已经贯彻在我们所有在中国的十大品类22个品牌当中。今天宝洁在中国所有的产品都是经历过中国消费者的测试和考验的。其实，我们很多产品都是为中国消费者量身定制的。比如说Olay，在中国最大的业务是美白业务，在国外这块业务是非常小的，因为欧美消费者没有美白需求。我们致力于美白方面的创新，就是为了服务中国的消费者。

更重要的是，我们一直在引领全球做消费升级。最近我们推出的许多产品都是为中国的消费者度身订制，然后我们把这些产品输出到日本、东南亚、美国等。过去大家印象当中，由欧美来做产品创新，中国只是“接盘侠”，这个模式其实宝洁已经改变很多很多年了。“中国智造”正从东方走向西方，引领世界。这一方面是宝洁在中国的进步，更体现了中国整个创造力在全球的影响的变化。

南风窗：面对愈加激烈的市场竞争，宝洁在产品创新上有什么样的策略和理念?

许敏：为了满足中国消费者的需求，我们最近几年产品创新的速度加快了很多。同时我们创新的广度也在扩展，不光是在原有的产品线上做升级，我们也在推出一些能够让我们原来产品用得更好的周边产品。我们还在推出一些新的智能产品，比如说高端剃须刀，通过科技的概念给消费者惊喜。

同时我们也在推出一些可能对中国消费者来说比较陌生的产品，比如说当妮的护衣留香珠，洗完衣服以后，衣服变得很香，并且通过摩擦，高分子的释放会让你的衣服持久留香。

可以说，30年来宝洁为中国消费者进行了美和优质生活的启蒙，经过这么多年和中国消费者相依相伴，现在我们做的事情不光是迎合中国消费者的消费升级，也希望通过新的产品形态去创造下一波的消费需求。我们认为中国消费者值得拥有世界上最好的、最超前的、最先进的创新产品。

快速消费品行业在任何一个国家、任何一个时代都是充满竞争的行业，我们非常欢迎竞争，并且相信竞争也让宝洁变得更强、更好。今天的消费升级不是任何一个企业能够主导的，一定是整个行业的推动，所以我们很欢迎看到这样的竞争态势。

从广州辐射全球

南风窗：宝洁是最早进入广州的外资企业之一，这些年来宝洁与广州或者说华南区域形成了怎样的互动关系？

许敏：宝洁的成功和中国政府，特别是广州政府的支持是分不开的。可以讲我们是怀着一颗非常感恩的心在华南区域生根、成长。今天，中国已经成为宝洁全球第二大的市场，我们将会持续在中国投入更多的精力和建设。

在广州有我们亚洲最大的黄埔工厂，它是一个集合型的、中央型的制造基地。在广州也有我们亚洲最大的分销中心，把整个亚太生产的计划服务辐射整个亚洲。此外，作为中国最大的快速消费品公司，我们的业务也带动了广东很多上下游的企业，我们的合作伙伴超过了200家。我们采购的这些物资和服务有将近百亿的规模。所以我相信我们对广州，或者是华南的回馈就是通过创造更多的合作和就业机会，打造更大的服务网络，进而带动区域经济的发展。

（杨　露）

广州汽车业，从历史中驶向创新未来

专家简介

巫细波，硕士学位，经济学副研究员。广州市社会科学院汽车产业研究中心副研究员。研究方向：区域经济与城市规划、空间信息技术应用。2010年至今在广州市社会科学院工作。

导 读

2004年，日本三大汽车巨头丰田、本田、日产均已齐聚广州，一个以日系汽车产品为特色的广州汽车产业集群已经迅速形成。此后，广州本土汽车产业逐步提升自身的研究和创新水平抢占价值链高端。广汽传祺依靠自主创新，改变了广州汽车产业依靠外资的产业模式，成为了广州汽车产业的一张靓丽名片。随着新一轮产业和科技革新的加速到来，在新能源汽车、智能汽车、网联汽车、无人驾驶汽车等汽车产业的新兴领域，将迎来新的“蓝海市场”，为广州汽车工业注入新动能。

沉稳务实、开放平和是广州的城市气质，而城市的气质则是由产业和人塑造的。

自秦汉起，广州就是繁华的商都，古越秀地区通过珠江水系在国内商品流通上发挥了枢纽作用，因此也促成了发达的外贸。30余年来，广州又得风气之先，成为中国改革开放的窗口和经济发展的重要引擎。凭借多年潜心的"筑巢引凤"，2017年已有297家世界500强企业落户广州，累计投资设立921个项目。世界500强企业在广州新设了47个投资项目，注册资本合计共约382亿元。

除了有对外部资本天然的吸引禀赋外，广州本土的产业也极具创新力。未来，两者的互动和融合将推动原有产业的转型升级，也将衍生和构建出新的高端产业体系。在这方面，日系汽车品牌在广州的成长历程是典型的样本。为此，《南风窗》记者采访了广州市社会科学院汽车产业研究中心副研究员巫细波。

支柱产业的诞生

南风窗：改革开放40年来，广州的汽车产业是如何从零起步逐渐发展壮大的?

巫细波：20世纪80年代末90年代初，当时的广东经济已在国内遥遥领先，但主要依靠的是轻纺、食品、小家电等工业支撑。汽车产业主要以生产公交车和改装汽车、轻型车为主，产值仅占全省工业产值的1.2%。对于汽车产业基础薄弱的广州而言，制造属于自己的小轿车的挑战非常之大。

许多巨大的跨国公司面对这个巨大的市场时还抱有太多疑问，但法国标致公司决定在广州大胆一试。1985年3月15日，法国标致公司成立了广州标致（以下简称“广标”），以合资经营方式生产轻型汽车。这是中国汽车工业第二个合资项目，5个月之前，上海大众也才刚刚成立。1989年9月11日，广标505SX轿车投产，这是属于广州的第一台轿车。但随后企业的发展却如过山车般急转直下，1994年，巨大的库存压力使得广标开始陷入亏损状态。1996年6月，合资公司负债超过29.6亿，这令广标合资双方一度陷入僵局。

最后，双方达成协议，法国标致同意以一法郎的价格转让自己的股权并退出广州。1996年10月，广标合资双方十二年的合作以不愉快的方式结束，而广州汽车产业也因为广标的败退而陷入了绝境之中。

为了重振广州的汽车工业，广州市政府汽车工业办公室和广州汽车集团有限公司开始重新招商引资，先后与宝马、起亚、奔驰、现代、本田等世界著名汽车公司商谈重组广标的合作。其中，本田开出了相对优惠的条件：愿意承担当时29.6亿元的历史债务的大部分资金。1998年6月30日，广州市正式宣布，由广州汽车集团公司和本田合资，按照50：50的股比注册成立广州本田，起步投产车辆为3万辆，建设规模为5万辆。

据了解，当年广州与标致合作总结的教训就是没有均衡地分享利益和共担风险，以及在企业管理方面没能让双方都参与其中。后来，在广州本田的合作中，中日双方都以合资企业的利益为重，在管理理念、管理体制上坚持重大决策事项实行中外双方联签制。

1999年的一天，每辆售价将近30万元的高档汽车第六代雅阁（Accord）开始在广州批量生产。这是当时中国市场车型先进、技术卓越的中高级轿车。那时，国内汽车媒体还习惯性地称它为“本田阿科德”。

广州本田的成长速度非常快，2000年便已开始盈利了。从广州标致到广州本田，同一个工厂、同样的基础设施，却有着截然不同的命运。从此，国际上的投资者对广州汽车工业的认识也发生了深刻的改变。

2003年，日产经由东风公司正式进入广州，在花都成立了东风汽车有限公司乘用车公司。2004年，投资38.21亿元的广州丰田汽车有限公司也正式挂牌。至此，日本三大汽车巨头丰田、本田、日产均已齐聚广州，一个以日系汽车产品为特色的广州汽车产业集群已经迅速形成。

南风窗：经过多年的发展，已有大量的资源聚集在广州这座城市周围，除了日本汽车三大巨头外，宝洁、壳牌、日立等巨型外资企业的总部和制造部门先后落户广州，它们同广州一起，汇聚成一片颇具实力和活力的经济地带。您认为广州以何种优势吸引了汽车产业的跨国公司?

巫细波：这么多外资企业之所以选择广州，跟它的区位优势有关，海陆空交通便利。广州作为中国的“南大门”，代表了中国一大块的市场。其次，广州本身是千年商都，商贸非常活跃。在广州销售的汽车品牌和车型接近100个，整个广州有400多家4S店，规模非常大。

技术封闭圈的突围

南风窗：回溯过去，距离本田进入广州并开启中国市场，已经过去将近二十个年头。一个产业一旦成为地方支柱的话，对上下游产业的带动作用是不可忽视的。广州汽车产业在这方面发挥了怎样的作用?

巫细波：最应该直接带动起来的是零部件企业的发展。过去，从汽车制造产业链的角度看，零部件产值占整车产值的50%至70%。但是，零部件企业是分等级的，广州本土的民营零部件企业生产的产品一般是四级、五级，也就是生产一些附加值较低的产品。而一级、二级的核心零部件仅限于日系品牌内使用，甚至完全不对外部企业出售产品。日系汽车生产体系封闭直接导致了日系汽车与区内本土制造业没有形成很好的产业配套和协作关系。

南风窗：在这种技术封闭的合作条件下，广州的汽车产业该如何向价值链高端爬升?

巫细波：在产业发展初期，通过引进外资急促实现规模经济，是不能引领这个产业向价值链高端爬升的。广州本土汽车产业只有逐步提升自身的研究和创新水平才能真正抢占价值链高端。这一点，广汽传祺正在努力。广汽集团为了发展自主品牌，选择从意大利菲亚特购买整个汽车生产线的技术，包括图纸，在其基础上进行二次调整和研究。

如今，广汽集团已连续五年入围世界500强，2018年位居第238名。近年来，在中国汽车市场整体增速放缓的背景下，广州的汽车产业却意外地保持着持续的高速增长态势，让很多外资企业惊讶。广汽传祺利润贡献度居集团各投资企业之首，成为带动集团增量的主力军。据了解，2018年销量预计能突破50万辆，直逼合资企业广汽丰田。广汽传祺的崛起，改变了广州汽车产业依靠外资的产业模式，广州汽车产业更多地开始依靠自主创新。

虽说日企技术封闭，但管理方面的经验外溢却非常明显。主机厂如何管理、提高效率，中方在合作当中学习到了很多。例如，丰田生产模式就是保证它的零部件是在路上而不是在仓库里面，此外它的整个主机厂的人员安排、流水线的设计都独具特色，每58秒下线一辆整车。广汽传祺在不断地学习下突破了产能瓶颈，达到了同样的生产效率。

广汽传祺的成功得益于广州的坚实产业基础和管理经验，以及极度活跃的消费群体对各种新产品有很高的接受度。此前，谈及广州汽车，更多人想到的是合资车型。而如今，传祺已然成为广州汽车的一张名片。

新动能下的未来

南风窗：在未来的发展中，如何促进整个产业链的转型升级?

巫细波：2016年10月18日，为推动汽车产业链的延伸，广州市政府常务会议审议并原则通过了《广州国际汽车零部件产业基地建设实施方案》，拟出资25亿元，在现有产业基础上选址番禺、增城、花都、南沙和从化建设新产业园区。

番禺在广州汽车制造业中属后起之秀，但近年来一路高歌猛进。2018年上半年番禺汽车制造业产值总量和增速都在全区各工业大类行业中排名第一。番禺是自主品牌传祺的诞生地，传祺的供应商面向全球的优秀企业，使得许多本土和欧美系的零部件企业在它周边布局，这些顶级的供应商也为传祺的起步和发展奠定了基础。

如今，广州汽车产业零部件生态已逐渐走出日资企业的技术闭环，以更加开放、多元的姿态推进了广州汽车零部件产业园的建设。2017年3月，全球第三大汽车零部件供应商、世界500强企业麦格纳集团与广州汽车集团零部件有限公司共同投资设立的广州卡斯马汽车系统有限公司落户广州黄埔区。

广州政府一向走在改革的前沿，与时俱进地出台各种招商引资的优惠政策。广州汽车产业的园区建设比较得力，明珠工业园、花都汽车城等园区的配套服务非常好。番禺的广汽智联新能源产业园，代表了广州未来的方向，未来很有可能会成为广州汽车制造业核心中的核心。

随着新一轮产业和科技革新的加速到来，新能源汽车、智能汽车、网联汽车、无人驾驶汽车等汽车产业的新兴领域将迎来新的“蓝海市场”，为广州汽车工业注入新动能。

（杨　露）

第六辑

从国家的文化自信
到城市的文化觉醒

用中国传统文化纠偏现代化

专家简介

张国刚，1988年毕业于南开大学历史系，获历史学博士学位。历任南开大学历史系教授、主任，教育部历史教学指导委员会委员，中国唐史学会会长，清华大学历史系主任等职。现任清华大学历史系教授、博士生导师。主要致力于中国古代史、中西文化交流史及史学理论的研究。

导读

后起的现代化一定是有其自身特色的，比如广东的企业、社会组织、行为约束方式，一定程度上依靠地缘、家族纽带来构建。这些因素其他地方也有，但没有这么突出。这种方式有它的弱点，但通过修正和提升，也构成了中国特色现代化发展的一个特别的模式。

处理好“共相”和“殊相”的关系，中国的社会管理、国家政权管理也很可能找到一种新的模式。

后起的现代化一定是有其自身特色的，比如广东的企业、社会组织、行为约束方式，一定程度上依靠地缘、家族纽带来构建。这些因素其他地方也有，但没有这么突出。这种方式有它的弱点，但通过修正和提升，也构成了中国特色现代化发展的一个特别的模式。

处理好“共相”和“殊相”的关系，中国的社会管理、国家政权管理也很可能找到一种新的模式。

中国改革开放已经整整40周年，40年间，向西方工业文明学习始终是一条贯穿始终的线索，而这条线索可以追溯至两三百年前。

今天和中国与西方现代文明相遇的任何一个时期相比，不同之处在于中国传统文化中对现代化具有纠偏作用的一些思想，其价值已经被中国人乃至西方人重新发现。在中国，重建中国传统文化已经是一种生活上、实践中的要求，文化先知们的预见性不再停留于思想的层面，而是已经开始转化为社会行动。

《南风窗》记者专访了著名历史学者、清华大学历史系教授张国刚。张国刚认为，中国传统文化中一些看似保守主义的内容，可以和西方文化中的一些保守主义思想联手，一起纠正现代化中与人类根本利益相悖的弊端。就未来的继续开放而言，他主张一种“有干预的开放主义”“从简单的拿来主义到有选择的开放，应该视作改革开放40年后的一种必然”。

两种开放状态

南风窗：开放对于文明发展的重要性一直被强调，尤其是在已经全球化的今天。从中国的历史来看，开放和国家的强盛、文明和繁荣之间，是否存在必然的联系?

张国刚：文明的发展、文化的繁荣，有内生性条件和外源性条件。

春秋战国是个非常繁荣的时期，各家争相提出对未来社会的看法。当时齐国还有稷下学宫，专门给学者们探讨问题提供一个环境。春秋战国之繁荣，其条件就是内生性的。汉朝来了一次“文艺复兴”，重建被项羽一把火毁去的传统文化，这也是内生性的要求——大一统帝国需要建立一个适应大一统制度的思想意识形态，所以“独尊儒术”。

后来中华文化的发展，一般是内生性因素和外源性因素相辅相成。唐朝很开放，文化发展就有很多外源性因素，比如佛教的传入，诗歌、语言、文学、艺术、绘画、思想理论等都受到外界深远的影响；同时唐朝又有一个强大的内生性因素——南北融合与科举制度，作为文化繁荣的推力。

开放对中国文化的影响主要有两种形态。一种是异质文化的差异，就是异国情调，比如饮食、服饰。唐朝就兼容了吐蕃、中亚等许多异国情调。另一种则体现为社会发展阶段问题，这是前后序列的差别。

在漫长的农业社会，中国和外部文明的关系主要表现为异国情调，直到最近两三百年。1776年发生了三件事，亚当·斯密《国富论》正式出版、瓦特的蒸汽机获得发明专利，还有美国独立。我们那时是康乾盛世，但相比起来，主要已经不是异质的问题，而是发展的阶段不同了，是农业文明和工业文明的差异。

前后序列差别是一个现代化的概念，西方的现代性到底是不是人类文明发展的一个必然的新阶段，仁者见仁，智者见智。仅从生产力的角度看，它确实处在一个更先进的序列，我们承认这一点。近代以来中国文明的发展主要就受到外源性因素的推动。

回顾整个中国历史，可以说开放对中国文化发展的作用一直是正面的，它让文明变得丰富多彩，不断升级。举例来说，小米是中国培育的，但小麦是从西方传来的。罗马学者普林尼比较了各种钢铁，认为中国产的质量最优，但金属冶炼术其实是西亚传来的。安阳出土的商代铜车马，与夏朝车马相比轮距变宽了，这可能是受到西亚的影响。甚至有人认为出现兵马俑之前，中国没有雕塑艺术，它的出现可能也跟西方有关。

南风窗：您区分出了开放过程中异质文化和前后序列差别这两种不同的影响方式。近代以来甚至直到今天，我们说的开放主要是后者，是对西方建立的工业文明的学习和效仿。实际上这个过程是非常被动的，早期是在血与火面前不得不开放。所以，近代以前和近代以后中国文明的开放，应该说是有根本性的区别的。

张国刚：对。汉唐时期的文化开放，以及物质上的互通有无，是很自然的一个过程。尤其是汉唐与外部的精神文化交流，中国人有很大的选择权，是主动去吸收和消化，被动适应的情况几乎没有。甚至从万历到乾隆，我们都还是主动的，这个阶段有很多外国传教士来华，但中国的选择性很强，还是按照我们自己的需要来接受。

举个例子来说，因为我们的选择性，康熙皇帝就和罗马教皇发生过一次冲突。

罗马教廷派传教士来华，要求中国教徒不能祭祖祭孔，要把自己的文化标志去掉。祭祖祭孔是从中国文化的核心中引申出来的精神家园安顿方式，但教皇说你的精神家园只能安在上帝身上，不能安在中国的文化、家国情怀和仁义礼智信的体系里面。在华传教士认为这种要求不合适，提出反对意见，中国的普通教徒也写信给教廷希望收回成命。但教廷不干，原因除了知识障蔽，还有利益障蔽。除了无知，还有无耻——我赞成用这个词。

发生在中国的事情不是孤立的，是西方宗教利益争夺的一个表现。大航海的时候，葡萄牙和西班牙用所谓“保教权”瓜分了世界：1494年和1529年它们在大西洋和太平洋画了两条线，东边归葡萄牙，西边归西班牙。所有的到东方的传教士都要从里斯本上岸，去获得葡萄牙政府的允许。到了17世纪，葡萄牙已经不太强大了，罗马教皇就想把保教权拿回来，自己派代表去中国传教。为了排挤葡萄牙，罗马就和法国联合起来，拿中国的传教事业来做牺牲品，说葡萄牙承认中国人的习惯风俗，给了中国教徒太多文化上的保留。他们把祭祖、祭孔指为迷信，是偶像崇拜。

当时意大利人卫匡国就专门到罗马去说明这不是迷信，这就是对贤人的尊崇，对祖先的追忆。1701年，康熙皇帝还专门写了谕旨，证明这些传教士的理解是正确的，祭祖祭孔不是迷信，但是罗马教廷不理睬。康熙连续三次召见罗马教廷的使者多罗，打听教廷对谕旨的回应，都没有得到答案。中国人对外部文化感兴趣，但希望能按照自己的方式来吸收，教廷不干，后来康熙也就算了，认为你尊重我的规矩，那就留下来，不行你就离开。1939年罗马教皇发表公告，中国的教徒可以祭祖祭孔，但是已经过去200年。

当时卫匡国进行了很多语言辩白，比如他说祭祖祭孔用的不是香案，那就是一张长条桌子。桌子和香案，同一个东西，但描述不同差别就很大，这关系到看待中国时是不是有意识形态化的倾向。比如有的人给中国的发展安了一个“低人权优势”的说法，这就是意识形态化。穷人要加倍辛苦和努力才能改变命运，这本是正面的行为，而用意识形态描述，就变成了非常负面的东西。

有干预的开放主义

南风窗：以19世纪作为分界，此前的文明交流，和后面一段时间里的文明交流，区别可能主要在于自信心和不同文明的相对地位上?

张国刚：没错。到19世纪特别是1840年打开国门以后，像康熙和罗马教皇的交锋这样的主动吸收就几乎没有了，新的规矩出现了。

比如说外交政策、贸易的规则、法治概念、海关制度等，这些东西中有一部分是现代社会应该有的，中国被拖进去；有一部分其实只是符合强者的利益，强加给你的。比如说美国，当你弱的时候，他跟你说自由贸易；当你有了一定的优势之后，他又跟你说搞对等贸易吧。道理都是道理，但他是按照自己的需要构建道理。

在中西文明碰撞中，中国一直受挫，最后主动否定自己，觉得对方先进，自己落后，必须要全盘西化。用先进、落后来概括这种差别，就掩盖了“殊相”，看不到各自文明的特殊性，有时就把西方文明的地方性也放大为普世性，事实上是用泯灭中国的特殊性来迎合西方的特殊性，这就造成了我们在现代化道路上左右踉跄。

到了1949年以后，尽管还是在否定中国传统文化的道路上继续向前，但有一点不一样——我们在外面筑了一堵墙。因此所有的问题，政治也好，文化也好，都还是中国自己内部的问题。在一个有序的环境下构建自己的现代化道路，反而成功了。现在的问题是怎么在重建传统和吸收现代文明之间找到一个契合点。

相反的是印度，它从殖民地变成独立国家后是完全打开的，就没有能力再恢复自己了，想要在自己的文化传统上建立现代化就有些难。

南风窗：您讲到的中印差别很有意思，开放过后，在一段时间里把自己围蔽起来，反而有利于让自身文明和现代化之间实现对接。这提示我们一定程度的保守是必要的。比如现代化会造成文化内部的多元性丧失，这在中国已经很明显，城市千城一面，地方文化和语言消失。适当保守是应对这些问题的一个必要态度吗?

张国刚：从应对的角度来说，在市场经济框架下的现代化，既要开放，也要保护自己的文化。文化保守主义和文化开放主义，不是互相排斥的。日本这么现代化，但它的传统文化保持得非常好，韩国也是，经济领域的、手工工艺的，都保持得很好。法国也很注意保护它的文化，其中一个措施就是限制英语电影的放映和在电视台的播放。

不过有些国家就很难做到，荷兰规定阿姆斯特丹大学必须用英文教课，不能用荷兰语。中国的情况从局部看跟荷兰相似。我到内蒙古去，蒙古包里的孩子都学汉语。问他们为什么学汉语，他说我不学汉语的话连在呼和浩特都找不到工作，更别说到中国其他地方去。在现代化的发展过程中，有一些弱小的文化真的很难保存下来。

中国文化本质上是讲理性的，是讲一种“公”的集体主义。西方文化更张扬个性，尤其是西方现代文明，但它也有内在缺陷，比如说消费文化。它跟人类的整体利益是相冲突的，我们应该适度克制欲望，而不是无限地扩大消费、刺激消费。现代化的一些弊端，用中国传统文化的一些精华是可以纠正的。

哈贝马斯这些西方学者，以及一些中国学者，已经认识到中国文化对西方文化的纠偏作用。中国文化里面有一些看似保守主义的东西，和西方文化的一些保守主义的东西，在纠正现代化的缺失方面是可以联手的。

因此我主张有干预的开放主义，从简单的拿来主义到有选择的开放，应该视作改革开放40年后的一种必然。一方面加大开放的力度和深度，一方面又有选择地开放，这是一个互补的过程。应该有社会的、国家的、学术界的力量，去为中国文化特色的保持做一些积极的工作，不能完全交给自然过程去选择。

重建不是回到过去

南风窗：我们今天确实已经前所未有地认识到西方主导的现代化内部存在的明显弊端，这些弊端和人类的根本利益是相悖的。同时国内也已经很主动地反思现代化道路上存在的问题，把传统文化中的优秀成分引回社会生活，甚至提升到国家意志的层面。这是不是和连续40年的开放，时间已经长到足够证明一些原本停留在思想层面的问题有关？

张国刚：是的，就是这样一个逻辑。

其实对现代化的弊端，中国人很早就意识到了。20世纪30年代的学者在科玄之争的时候就有很深的认识，比如张君劢、梁漱溟。不过当时中国太落后，先知的话是没人理的，也没有这个条件。就像我们在20世纪80年代谈环保，大家就会觉得你是吃饱了撑的，但现在大家探讨环保，就很合理了。人的思想可以超前，但一定要等现实生活提出要求的时候，才能变成一个社会的行动，否则只能是思想的力量。

西汉初年，刘邦休养生息，让社会闷声发了几十年财后才发现贫富分化问题和道德滑坡问题，所以才独尊儒术、讲礼义廉耻。我们现在这个社会也是这样，作为信仰的文化体系被破坏了。有些东西永远不能论证，信仰不需要思考，是用来纠正人本性中的一些不足的。西方现代化也存在一个上帝死了的问题，上帝死了之后人类怎么来掌控自己，约束自己的行为呢？中国人不信上帝，但是构建了一个家国情怀、仁义礼智信的伦理体系，立功立德立言，用这个东西来约束人性中的负面因素，即培根所说的“人类某些恶劣的天性”。可惜，丢掉了。

南风窗：中国人的信仰是对文化、对伦理的信仰，但正如您说的，丢掉了，所以这是对过去的一个描述，并不是对当前的描述。那么您说到的重建，就需要社会基础的配合，整个社会发生了这么大的变化，家庭内部的关系、陌生人之间的关系、人与社会和国家的关系，过去的处理方法在今天已经失去了现实条件。举个简单的例子，就是爷爷辈在旧时是很有权威的。因为在农业社会，老人就是知识权威、人生榜样、资源分配者，但今天不一样，今天下一代不断地否定上一代。以前的那一套伦理价值，重建的可能性还存在吗?

张国刚：重建，不仅是“重”嘛，不是原样恢复到过去，它还“建”呢。

现代社会的游戏规则包含三个层面。

第一个层面是法治，以法律规则作为我们处理社会问题的基础。法治就是人性、理性和本性的博弈，法治一启动，很多混乱都消停了，但这个要做起来非常难。法律是铁面无私的，靠自己很难完全做到，除非是威权下接引的现代化。比如美国给日本一个法，或者是作为宗主国的英国给殖民地新加坡一个法，没有法治传统的国家要靠自己来构建法治就很难。

第二个层面是宗教，宗教教人向善，教导宽容。

第三个层面就是道德。西方的道德来自宗教，中国的道德来自家教。

重建传统文化，要放到社会意识形态的建构中来，让意识形态更接地气。意识形态有两个功能，一个是为主流统治者的主流价值输送合法性，一个是笼络和维系社会人心。如果意识形态起不到维系社会人心的作用，那么它其实就没有落地。

我们不是简单地回到过去。过去的“五常”——仁、义、礼、智、信，是在“三纲”下落实的，三纲是在王权主义之下落实的，王权主义带动三纲五常。我赞成中央民族大学牟钟鉴的看法，三纲是变道，五常是常道，变道是为了解决当下问题提出来的，常道具有某种永恒性。今天历史条件变了，三纲作为变道就应该抛弃，新的“纲”是民主法治和共同家园的建设，应该由这个纲来带动永恒的五常。

中国可以找到新模式

南风窗： 过去传统文化抬不起头的时候，人们认为它和现代性是根本冲突的，但我作为广东人，感受不太一样。在广东尤其是广州这个中国最开放、最现代化的地方，人们对传统文化和习俗是更珍视的，传统并不妨碍现代化。您怎么理解这种结合呢?

张国刚： 中国传统文化当中本来就有现代化的因素，在价值层面是符合工业化和现代化的要求的。从国家构建来说，牛津大学教授芬纳在《统治史》一书中讲中国秦汉时就是“morden state”，即现代国家。而西方的现代国家，是启蒙时代后，即18世纪以后出现的。现代化所需要的东西，一个是世俗化，一个是社会组织是市场导向的，这些中国都很早就在一定程度上具备。

那么为什么后来中国反而没有先进入现代化呢？这就跟一些工具性的问题有关系，尽管我们有一定的“共相”，但毕竟不能等同于西方那种现代化的要素。中国传统文化推崇读书做官，优秀人才都不到实践领域里去，因此中国的那些科学，如勾股定理、四大发明，都是一种经验性的体悟，不是学理性的构建。再加上人口很多，劳动力便宜，任何科技的投资都不合算，另外还有知识产权没有得到很好的保护，这几个因素加在一起，就妨碍了科学在中国的发展，也妨碍了工业革命在中国的发生。

所以从价值上中国的传统是和现代化兼容的，但在工具意义上差一些。一旦我们工具性问题解决了，就能很快进入现代化。视野再拓展一点看，受中国文化圈影响的东亚国家和地区，成功进入现代化例子很多，比如日、韩、新加坡和我国的港澳台地区。除此之外，非西方国家都无法进入现代化，或者过程非常艰难，几乎没有成功的例子。沙特、阿联酋是有很多摩天大楼，但你不能说它们是现代化的。

中国传统文化和现代化不但不矛盾，而且是非常容易结合的。中国人说“爱拼才会赢”，有进行积累的持续动力，大乘佛教的博爱和儒家的经世情怀，也比较符合现代化的要求，和现代价值观很容易对接。

后起的现代化一定是有其自身特色的，比如日本，家族企业和个性化管理，终身雇佣制，构成了日本的特色。你说到广东的情况，也是如此，广东的企业、社会组织、行为约束方式，一定程度上依靠地缘、家族纽带来构建。这些因素其他地方也有，但没有这么突出。这种方式有它的弱点，但通过修正和提升，也构成了中国特色现代化发展的一个特别的模式。也就是说，它有不足，但不是因此就换成另一种——西方那种，而是提升、改进之后形成一个混合品。

处理好“共相”和“殊相”的关系，中国的社会管理、国家政权管理也很可能找到一种新的模式。

（李少威）

文化融合需要创造性解说

专家简介

张西平，北京外国语大学教授、博士生导师，北京外国语大学比较文明与人文交流高等研究院院长，国际中国文化研究院（原中国海外汉学研究中心）荣誉院长，中国社会科学院基督教研究中心副主任。目前主要从事明清中西文化交流史、中国基督教史、西方汉学史、世界汉语教育史和汉语国际传播战略研究。

导 读

广州是中国城市中最早接受西方文明的，给我们提供了最早的消化西方文明、融合西方文明的思路和样板。其实不光是广州，还有香港、澳门乃至是整个南方沿海地区，它们在历史上提供了大量的知识性资源，应该挖掘它们吸收西方文明、融合西方文明的过程，来为现实提供历史的经验。

中国最早的西式学校就是在广州办的，我们对西方世界的认识最早也来源于这里。

而这里也有着作为保持中国传统文化中坚力量的这样一批文人，他们是近代以来最早遇到中西方思想斗争，最早遇到传统文化和西方文化融合的矛盾的。这里都有着比中国其他任何一个地方更为丰富的文化资源和历史传统。所以说，广州如果能消化好过去这几百年的历史，可能为中国现阶段的文化建设提供一些富有建设性的资源，这一点我觉得广州应该比其他城市有优势。

改革开放40年来，在政府以经济建设为中心的基本国策的指引下，中国的经济发展总体上取得了长足的进步，政治体制、制度建设、科学技术进步、思想文化发展等诸多方面也发生了深刻的变革。

与经济、政治的变革有所不同，思想文化领域的变革的态势和趋势都更加的复杂。毕竟，在现代治理结构中，经济发展、政治制度等方面的改革都相对来说具有清晰的目标和衡量的标准，而思想文化的建设则处于一个相对容易被忽视的位置。思想文化领域在很长一段时期缺乏明确的整体发展方向，从政府到民间并没有形成合力，思想文化建设领域的一些关键和核心的问题并没有得到系统梳理。

其实，自从20世纪90年代以来，中国学界对于中国思想文化领域的讨论已经开始。如何平衡中国的马克思主义传统、西方的自由主义传统及中国的儒学传统的问题已经被提出。学者甘阳就曾提出要“通三统”，这里的“三统”即改革开放三十年的传统（西方市场传统）、中华人民共和国成立以来的传统（本土马克思传统）及中国几千年的文明传统。类似的讨论虽然也产生了巨大的反响，但是并没有带来全局性的改变。思想文化领域的建设中，政府层面仍然是沿袭传统的意识形态的惯性思路；学界则在不断的讨论与争论中；而民间则处于一种自发的“野蛮生长”的状态，更表现出大众化、娱乐化的倾向。

现在，中国共产党提出了要坚持文化自信。文化自信是一个国家、一个民族、一个政党对自身文化价值的充分肯定，是对自身文化生命力的坚定信念，是民族自信心和自豪感的源泉，是激发全社会勃勃向上的强大精神力量。在这个背景下，传统文化热再次出现。但相关的重大理论问题还不能说已经获得圆满解答。就相关问题，《南风窗》记者采访了北京外国语大学教授、博士生导师张西平。

当代中国思想界最核心的问题
是如何做好“中西马”的融合

南风窗：改革开放40年，我们在经济发展、制度建设、科技创新等领域都取得了巨大的成就。那么，您认为这40年里中国在思想文化方面的进步主要体现在哪些方面呢?

张西平：在邓小平时代，从改革开放开始就倡导人们学习西方文明，这是那个时期的思想文化建设最突出的特征。像海德格尔、萨特等哲学家，都是从这个时候开始逐渐被中国人所认识的。特别是进入20世纪80年代，整个80年代都是“以西为师”的时代，因为刚刚走过“文化大革命”十年的灾难，所以国内全面地引进了西方的先进文明。跟五四运动的情形有点类似。这个过程对中国文化的重建也起到了很好的作用。它批判了中国现存的文化中不好的地方，比如说批判极左思潮、批判个人迷信、批判各种歪风邪气……这些在《邓小平文选》中都有很好的论述。

但是随着经济的发展，中国在国际经济的地位日益接近世界中心，这样我们对自身文化的重视就开始了。我们也逐渐意识到，对西方文化的吸收和对中国传统文化的重新的认识、评估这两者的关系，一直没有得到很好的处理。2014年，习主席在国际儒学联合会上的讲话是一个标志性事件，这次讲话一下就拉开了继承和弘扬优秀传统文化的大幕。

可以说，当代中国思想界最核心的问题，就是如何做好“中西马”的融合，在坚持马克思主义政治导向的情况下，对我们的精神价值在中国文化本体上进行吸收和消化。现阶段，这个问题已经有了清晰的轮廓，大家已经达成共识：不能抛弃马克思主义；不能不学习西方；不能不尊重传统。三方面都需要着力，那三者之间在学理上怎么融合？对马克思主义怎么理解？对西方文化怎么理解？中国传统文化的理念怎么寻找一个新的表达方式？这些问题都有待解决。但是，必须肯定的是，现在能够提出这些问题，本身就是学术与思想的进步。认识到文化重建的复杂性，这就是中国思想文化领域的重大进步。

这正像我们用了600年的时间消化了外来的佛教，产生了禅宗一样。我们现在和西方文化见面已经400年了，马克思主义也是西方文化的一支，但是它是西方文化发展顶冠上的宝珠，而且它是对资本主义进行批判的。我们已经有了吸收西方、吸收马克思理论，将其与中国文化融合起来的很多成果，例如，实事求是，这是中国传统文化的内核之一，也是马克思主义中国化的表述、党的思想路线。

2015年2月27日习近平总书记提出的“讲仁爱、重民本、守诚信、崇正义、尚和合、求大同”，受到海内外中华儿女广泛的关注与认同，是新时期中华民族共同的价值观。文明互鉴就是对中国古代的和而不同思想的创造性发挥，人类命运共同体就是全球化时代对马克思主义的理想、中国传统的大同思想的创造性转化的重大成果。我们应该有信心把“中西马”融合成一体，变成我们自己全新的文化，像产生禅宗那样产生中国当代的马克思主义，产生我们自己的思想文化。

从东汉以来，我们中国文化经几千年发展到现在，就是两大文明在碰撞，一个是中国文化与佛教的碰撞，第二个就是400年来中国文化与西方文化的碰撞。我们正在面对第二个碰撞，现在到了我们必须吸收它、消化它并重新建立我们新的哲学的时代了。

我认为，目前“中西马”融合的讨论已经开始，这说明我们对文化的多元性开始有了一个更宽阔的胸怀，这是我们这个时代一个非常大的进步。可能我们这一代人还做不到，我们的学养和知识还不够，文化的复兴还很漫长。现在中国知识分子由于学科的分野面临这样一个局面：研究马克思主义的，大多不熟悉中国传统文化；研究中国传统文化的，大部分又对西方文化感到陌生；而研究西方文化的，懂马克思主义，但是他又缺乏中国传统文化的学术训练。

当现代化一路高歌猛进的时候，我们思想的这种重新融合与思想的斗争才刚刚拉开帷幕。所以，我觉得现在的中国需要伟大的思想家，同时也需要一个宽松的学术环境，让思想的问题得到更充分的讨论。

传统文化热要和国家对传统文化的反思相结合

南风窗：近年，社会各界又掀起了一场传统文化热潮：各类的传统文化电视节目收视攀升；各种国学班遍地开花；穿汉服、习汉礼等也颇受欢迎。其实，改革开放以来社会上掀起过好几次传统文化热的浪潮，您对此是怎么理解的呢?

张西平：我觉得，传统文化热潮和整个国家对传统文化的反思要结合起来。前几次浪潮都只能说是小的浪潮，这几年掀起的这股传统文化浪潮，尤其值得我们重视。我刚才提到的习近平主席在2014年国际儒学联合会上的讲话是个划时代的讲话，这是中国国家最高领袖对自己民族的文化作的系统阐述。这段讲话值得我们反复地学习和宣传，因为它把中国文化树立为自己的立国之本和政治合法性的源泉，充满了智慧。中国为什么是这样一个国家？为什么我们的政治体制跟别的国家都不一样？这段讲话从我们的传统上找到了解释，中国是在自己特有的历史文化中自然成长起来的一个现代国家，它有它的生命的历史，这些历史都是合理的。中国不是个石头缝里蹦出来的怪物，中国不是一个另类的国家，它有着自己的伟大文化传统，有着自己独特的近代历史命运，如果看不到这一点就读不懂中国。

百年前我们受到了列强的欺侮，所以我们找到了马克思主义这个有力武器。但是单凭马克思主义不足以解释所有的问题。所以我觉得习主席2014年的讲话为当代中国文化和当下中国制度的合法性提供了一个历史性的证明。这说明近百年来对外来文化的吸收都是建立在自己文化的基础之上的，传统成为我们吸收外来文化的土壤，这样才会有马克思主义的中国化，才会将西学融入我们的集体共同组成了我们的自然生命；只有这样，我们的合法性才能得到全面的说明，才会找到当代中国奇迹的文化根源。

当代中国的发展有着自己的逻辑，它所取得的伟大成就并非空中楼阁，中华文化是其思想支撑。中国的古代文化、近代文化和现代文化并不是断裂的，中国古代文化并未死亡，它以新的形态存活在当代文化中。从近代以来中国传统文化所面临的主要问题是如何消化西方文化，完成自己的社会转变。

中国有着自己的文化和历史，它不需要，也不可能完全按照西方的道路实现自己的现代化，我们要学习西方乃至世界各种先进和优秀的文化，让其为我所用，在自己文化的基础上创造新的文化。近400年的中国文化的演变大体是沿着这样的逻辑发展的。中国文化并不是一个博物馆的文化、一个只是发古人之幽思的死去的文化，它是活着的，它是发展的。

中国传统文化离我们并不远，还存在于我们的感性认识和我们的实际生活中。比方说孔子说的“仁者亲亲”，直到今天，这对于我们中国人来说都是常理。先爱父母，再爱亲戚，然后在这个基础上建立家国情怀，这是中国人的特点。这种等差之爱塑造了我们的文化心理，以血缘为基础的等差之爱符合人类基本的认知感情。

民间兴起的各种传统文化热潮可以理解为传统文化的一个恢复期，就像对一个病人，必须先下缓药，所有的这些现象都是合理的，也是应该的，因为我们离开传统文化太久远了。我们在感性生活上一直保持着传统文化的根，但是在理论上、知识上离开传统文化太远了，从1949年以后我们就开始离开传统文化，已经四五十年了，而且还在不断地受到现代生活的冲击。现在真正能深入学习传统文化的人还不多，所以人们需要从弹古琴、穿汉服、背古诗词开始。文化的重建不像建高楼，几十天就能建两层、三层，这是一个缓慢的过程。对当下的中国传统文化热、国学热都应该给予同情性之理解、关怀性之支持。

传统文化的复兴需要一两代人的努力，同时更需要有创造性的解说。中国对佛教的吸收，是在明代社会环境高度平和的情况下进行的思想改造；而我们接触西方文明，是在激烈的社会运动的情况下进行的，因此这个吸收过程要比吸收佛教文化更为复杂。所以说中国文化的重建、中国学术的重建，刚刚拉开序幕，觉醒的中国学者已经开始有了，走出对西方文化学习的学徒期，不再对西方文化崇拜，而是平等地进行学习交流，这一点是最基本的。

广州可以为文化建设提供知识性资源和历史经验

南风窗：自明清以来，广州一直处于中外文化交流桥头堡的地位，在对外交流上发挥着重要作用。自20世纪70年代末以来，广州作为改革开放的前沿阵地，在诸多领域为全国探路、开风气之先。那么，在新时代推动“文化走出去”的契机下，您认为广州应该担当什么角色、发挥怎样的作用呢?

张西平：广州是中国城市中最早接受西方文明的，给我们提供了最早的消化西方文明、融合西方文明的思路和样板。其实不光是广州，还有香港、澳门乃至是整个南方沿海地区，它们在历史上提供了大量的知识性资源，应该挖掘它们吸收西方文明、融合西方文明的过程，来为现实提供历史的经验。

中国最早的西式学校就是在广州办的，我们对西方世界的认识最早也是来源于这里。而这里也有着作为保持中国传统文化中坚力量的这样一批文人，他们是近代以来最早遇到中西方思想斗争、最早遇到传统文化和西方文化融合的矛盾的。这里都有着比中国其他任何一个地方更为丰富的文化资源和历史传统。所以说，广州如果能消化好过去这几百年的历史，可能为中国现阶段的文化建设提供一些富有建设性的资源，这一点我觉得广州应该比其他城市有优势。

（陈可珺）

现代中国如何掌握话语权

专家简介

李宇明，曾任北京语言大学党委书记、国家语委副主任、教育部语言文字信息管理司司长。现任中国语言学会语言政策与规划专业委员会会长，北京语言大学语言资源高精尖创新中心主任教授。主要学术研究领域为语言学理论、现代汉语、心理语言学、语言规划学。

导 读

从长远来看，拥有国际话语权才是中国安全的最大保证。所以现在应该更进一步研究我们的网络政策，培养我们的网民通过网络来获取国际话语权的能力。国际话语权涉及方方面面，各领域都有各自的话语权。我们要获得网络的话语权，必须要有先进的思想和优秀的网络文化来吸引世界的网民，必须要拿出优质的网络产品。

举一个例子，网游不只是游戏，更是网络文化，你在游戏当中传播一种怎样的文化，这里的讲究很多，这一点上我们做得不错，其他领域我们也可以去争取。

在李宇明的关注视野内，话语权是他常常思考的重要问题。《南风窗》记者访谈的重心正是现代中国要如何在国际上掌握话语权。李宇明认为，改革开放40年来，中国经济腾飞，国力提升，但在世界舆论中仍常处被动。要改变这种境地就需要以主动的姿态学习国际话语规则，介入国际舆论生态。开放的中国还要善于利用网络这条捷径，积极地走向世界、了解世界、融入世界，向世界展示包容的、进步的、有吸引力的中华文明。中国自身也要树立中华文化自信，积极推动中文的世界传播，并在国内科学保护各民族语言与方言，保护丰富的中华文化。

交际工具的更新促使语言方式改变

南风窗：改革开放以来，中国人的日常语言习惯和语言方式发生了怎样的变化?

李宇明：发生了很大的变化，这主要是交际手段和交际方式的变化所带来的。

过去中国人交流的基本方式是直接对话或者写信，后来手机出现并逐渐普及，网络中出现了博客、BBS，再后来进展到微博、微信。

交际工具的变化带来两个改变。第一个改变就是交际“分众化”，逐渐形成了不同的交际群体。年轻人是各类交际群体中最活跃的力量，有创造力，使用的语言也很新。由他们所形成的不同圈子的新语言会流溢到大众之中，一些语言的新用法也会影响到报纸、广播、电视等传统媒体。对此，社会有两种态度：一种认为新语言不规范、不雅，担心影响儿童教育，已经有一些中小学在这方面做出了防范的姿态；第二种则持比较宽容的态度，以发展的眼光看待它，认为语言本身就有一种自处理的机制，能够把不好的过滤掉，把好的吸收进来。这两种反应一直存在，第一种常占优势，整治网络上的低俗语言、净化网络空间，便代表着这种社会反应。

第二个变化就是网络上出现了语言暴力，这实际上也是话语权的问题。某些网民有时会对某个人、某件事不分青红皂白地群起而攻之，当事人常被淹没在非理性的网络语言之中而无可奈何。如何处理网络发言时的感性与理性，预防网络语言暴力，也是值得研究的问题。

网络是中国走向世界的捷径

南风窗：我注意到您提出要关注网络话语与话语权的问题。其中，您提到要获取新媒体的话语权并规范新媒体的语言。对此，中国具体应该如何来做？

李宇明：中国要获取国际话语权，网络话语权的问题一定要重视。中国走向世界，网络是可把握的一条捷径。因为在现实中走向世界难度很大，我们的“一带一路”倡议在沿途会遇到各种不同的文化区域，但若网络建设得好，中国人走向世界就会更快捷。

遗憾的是，我们现在对网络话语权的关注远远不够，多数的想法还停留在如何让网络干净一点的层次上，而对于如何过好网络语言生活，如何通过网络走向世界，考虑得还太少。对于网络，我们基本上还在采用对平面媒体的那种“管”的方式，保持一种守势。

网络是通过先进技术构成的一种新空间，我们又拥有世界上最大的网民群体，只要能在网上形成各种“君子协定”，或者通过国际活动来达成各种规约的话，那么网络的话语权我们可能逐渐会获得一些。

南风窗：不可忽视的是，现在的确有一道无形的墙在隔绝中国与世界在网络上的联接。

李宇明：所以要好好研究它对于中国获取国际话语权究竟有没有利。我想，矛终究比盾重要，只有走出去，那力量才是无限的。习总书记在博鳌论坛上强调，我们要继续加大改革开放的力度。中国在最近40年为什么会有如此巨大的成就？就是因为开放。改革由开放促进，没有开放就没有改革。

从长远来看，拥有国际话语权才是中国安全的最大保证。所以现在应该更进一步研究我们的网络政策，培养我们的网民通过网络来获取国际话语权的能力。国际话语权涉及方方面面，艺术有艺术的话语权，科学有科学的话语权，各领域都有各自的话语权。我们要获得网络的话语权，必须要有先进的思想和优秀的网络文化来吸引世界的网民，必须要拿出优质的网络产品。

举一个例子，过去的网络游戏都是日、韩和美国的，现在中国产的网游已经占主导地位，这就是网络话语权的一种表现。网游不只是游戏，更是网络文化，你在游戏当中传播一种怎样的文化，这里的讲究很多，这一点上我们做得不错，其他领域我们也可以去争取。

获取国际话语权需要展示生活方式和思维方式的吸引力

南风窗：您非常关切中国的话语权问题，包括经济、军事、科技力量在内的国家实力对于中国争取国际话语权是极重要的支撑，从语言学的角度，中国如何在国际舞台上增强自己的话语权？

李宇明：从根本上来说，话语权的问题是国家实力问题。没有强大的国家实力不可能有话语权，但是话又说回来，话语权并不一定时时刻刻都掌握在最强大的国家手中。在有些时候，也存在国家实力不足，但国际话语权运用得非常好的情况。比如在叙利亚消除化学武器问题上，俄罗斯的话语权运用得比较好，避免了叙利亚变成第二个利比亚。最近美国退出伊朗核协议后，很显然欧盟也在巧妙地利用话语权来保护欧洲企业家的利益。

我们中国在国际上，常常是有理说不出，即使说得出也未必有很多人愿意听、愿意信，因而中国的国际话语权就成为现在大家都非常关心的问题。中国曾经落后挨打；中华人民共和国成立后，挨打的日子过去了，但人民依然挨饿；改革开放以来，国民挨饿的问题解决了，但挨骂的情况还存在，而挨骂就是话语权缺失的问题。

我们为什么在国际上没有话语权？

中国人的传统理念是礼让，不好争辩。另外，我们在国际上也一直没有形成自己的话语体系。西方在世界舆论中已经形成了以自由、民主、博爱为核心的一套话语体系，它很难在短时间内认可东方人的话语方式。再者，我们的话语装备也不够。国际上主要的媒体资源基本都不在中国，国外一般也很少采用中国的新闻源。

还有一点，中国人思考本土问题较多，而思考世界问题较少。这些年来，语言学界在国家语委领导下每年做汉字盘点，当被要求用一个字或一个词描写当今的中国与世界时我们发现，描述中国的词汇丰富多彩，但描述世界的却很单调。我还记得1995年时，在中国举行了联合国世界妇女大会，中国的妇女和外国的妇女提的问题很不一样。其他国家多关注女性的生育自由、工作条件、家暴等问题，而中国多是等到别人批评我们的妇女生存状况时才去做出解释。现在虽然中国人逐渐走向世界，拥有更多国际眼光，但我们依旧是思考本土问题多而思考世界问题少，或者干脆把世界问题本土化。所谓把世界问题本土化，就是我们在看待某一问题时，不是从国际基本规则出发，而首先考虑的是它对我国有没有利。当然，是否有利也应当考虑，但利益不是唯一要考虑的问题。

中国要在世界上获取话语权，目前已经具备了一些条件，首先是蓬勃发展的经济使我们在国际问题上获取了一些决策权；另外，中国开始提出一些新想法，比如“一带一路”、建立人类命运共同体、共建共享等。这其实是在设置话题。对于国际生活，你能够提出什么问题来，这对于获取国际话语权是非常重要的。

除此之外，要获取国际话语权，还势必要充分地了解世界。目前中国的外语研究很薄弱，国家的外语能力也很低，全世界有7000多种语言，全国能够开设的外语课程大概不到100门，能够熟练运用的语言仅仅20多种。而美国的太平洋舰队已能够用300种语言来处理军事事务，俄罗斯圣彼得堡大学、巴黎第七大学都是各自国家的语言研究重镇。中国必须拥有充足的外语能力，至少200种。语言帮助我们走入世界，沟通世界。也只有真正地走入世界、了解世界，然后才能在世界舞台上唱好我们的戏。

还须注意的是，中国的国际话语权，不仅表现在国际舞台上，还表现在别人对中国的印象上。现在走出国门的人越来越多了，外国人不仅看你说了什么，还会看你做了什么，以此来审视你这个民族。我们现在留给别人的印象基本上是强大的购买力、高声讲话、不守秩序等。当然，我们也有自己的实际情况，毕竟中国现代化才30多年，一定会有很多问题，也不必太自责。但要记住，每一个中国公民、中国企业、中国产品在走出国门时，都会成为中国形象，每一个国人都是中国思想、中国风范、中国理念、中国形象的传播者。所以说，国际话语权的获取不仅是政府、外交官的职责，更是每个中国公民都应有的意识。

获取国际话语权，说到底要看中国公民的生活方式和思维方式对世界有没有吸引力，能不能为人类做出贡献。话语权虽然需要包装，但不能完全靠包装，要真正获得，可能需要我们这个民族的文明进步才行。

汉语正在世界扎根

南风窗：在改革开放过程中，我们既在引进来，同时也在走出去。我们在引进世界的知识、语言、科技这方面已成绩斐然，包括外国作品大量译介到国内。汉语在走出去方面都取得了什么样的成果？接下来要如何做?

李宇明：汉语的走出去是分阶段的。一开始，汉语是作为外交语言被世界所学习，后来作为领域外语被外国人学习——因为我们有一些独特的文化，比如中医、中草药、京剧，以及中国古代哲学等特色学科。改革开放之后，全世界看好中国的发展，更多的成人开始学习外语，孔子学院走进了160多个国家。现在汉语国际教育已经进入第四个阶段，汉语学习者低龄化。世界上很多人的孩子都在学习汉语，汉语也逐渐进入国外的基础教育和高考体系。孩子学外语和成年人不一样，成年人是要得现实之利，孩子学外语则是拥抱中国的未来。从这一点来看，汉语逐渐在世界上扎下根了。

下一步，汉语要在世界上更多国家争取主要外语地位，并且要争取在国际组织中发挥更大的作用，成为更多国际组织的工作语言，特别是由中国主导的国际组织。亚投行的最大股东虽然是中国，总部也设在中国，但它没有把汉语设为工作语言，这就是不自信的表现，也会减少中国人的就业机会。

另外，我们还要将更多的汉语作品输出去，这方面现在做得还很不够。我们热心于翻译传统经典，却甚少关注现代科学、技术、文化如何用汉语来负载和传播，如果这个问题得不到重视，长此以往，汉语将失去表达现代知识的能力。我很忧虑的是，在国际的社会科学界和自然科学界，汉语正在边缘化，不是主要的“发表语言”。这个问题应该引起有关方面的思考。至少在中国的大学，评价一个学科、一位教师的科研成果时，应该尊重他用汉语发表的文章，甚至应该鼓励他首先用汉语来发表自己的成果。当然这也是两难的事，最根本的还是要加强汉语学界自己的科学文化水平。我也希望汉语在网络上能够有精品，最终使中华文化在世界上有一席之地。

保护语言是对人类自身的尊重

南风窗：有些少数民族语言和地区方言正濒临消失，对此，我们应该持何种态度？采取何种对策？

李宇明：语言是资源，任何民族的语言都深深地灌注了这个民族成千上万年的认识世界的智慧。保护语言既是对人类创造的尊重，也是对人类自身的尊重。

人类的文化分三个方面：文献文化、口语文化和实物文化。中国人历来比较重视实物文化和文献文化，而轻视口语文化。但实际上我们有很多少数民族有语言但无文字，很多方言也没有书面作品，汉语的口语文化基本上保存在方言里，普通话所保存的主要是书面文化。我们如果把口语文化看作文化的三分之一，那么随着这些口头语言形式的消逝，人类将失去三分之一的文化资源。所以保护并开发语言资源不仅是应该的，而且价值很大。

但随着社会发展，有些语言必然会走向衰落。因为语言的第一功能是交际，而交际是“势利眼”，人们倾向于学习那些使用者多的语言，因为它带来的经济效益更大。英语就是这样滚动起来的，普通话也是这样滚动起来的，但这就意味着一些小的语言的使用空间会缩小，甚至走向衰亡。语言衰亡的实质是使用空间的缩小，现在满族人虽然很多，但是满语却逐渐消失。

所以我们看，很多语言走向衰落是必然的，可它又是资源，这时候就需要采取一些措施。第一措施是保存，即把它最大限度地记录下来。我们国家保存民族语言和方言做得还不错，但保存的并不仅仅是某种语言或方言，实际上保存的是正在走向消亡的农耕文化和农牧文化，是中国几千年的古文明。

保存只是下策，更理想的办法是保护。保护就是让某一语言的使用者更长时间地使用它。但对于语言保护，到目前为止人类还没有找到很好的办法。比如在美国，为了保护即将消失的印第安人的语言，他们划定印第安人保护地，在保护地范围内禁止发展工业，可现在看来保护地的办法不是很成功。新西兰为了保护毛利人的语言，想出了祖孙传承的办法，但实际效果也不好。

在我们国家，一些少数民族语言和地区方言要想保护也非常困难。

在这种情况下，应该加快保存的步伐。好在现在党和国家比较重视这一块的工作。比如2007年中国语言资源有声数据库的调查启动，2015年它上升为国家的语言保护工程。党的十七届六中全会上，第一次将“科学保护各民族语言文字”写进了党的决议之中。到现在为止，全世界还没有其他国家在国家层面提出保护少数民族的语言文字，可以说，我们国家在保护少数民族语言上，是理性认识最好的，行动上投入的资金也相当多，但我们要看到目前语言资源的流失仍然很快，我们这一代人未必能把这个事做好。

语言是文化的压舱石，一种文化如果没有语言帮它压舱，很快就会消亡了。少数民族如果没有自己的语言和文化，也会让中华文化缺少很多东西。而且丰富的语言文化也是争取国际话语权的一个方面，我们应该很好地保护、开发它，这是我们的责任。

（董可馨）

“马可·波罗”与一座城市的对话

/专家简介/

卡斯帕·霍尔滕（Kasper Holton），伦敦科文特花园皇家歌剧院原歌剧总监、歌剧《马可·波罗》导演。

/导 读/

2018年，广州艺术节走过第八个年头，但酝酿了一场新的突破。《马可·波罗》作为广州大剧院的首部原创歌剧，不仅将一个题材从无到有地在舞台上呈现，更重要的是体现了高水准的创作。其突破国际表达，用国际制作演绎中国故事，把多元文化交汇在一部中国原创歌剧里，这是中国歌剧史上的伟大创举。一部剧，一座城。《马可·波罗》作为一个耀眼的作品，恰与广州兼容并蓄、包容多元的气质不谋而合。

马可·波罗被世人熟知，成为一种象征，很大程度上是因为他那本《马可·波罗游记》。可是，马可·波罗自己评价这本书时，却谦卑地说："我还只是讲出了自己见闻的一半呢！"

马可·波罗留下的一半，就像黑洞一样吸引着无数智慧的人们，尽其所能地用他们的创意去填补。

作为中国首部原创歌剧，《马可·波罗》是广州大剧院历经三年的"浴血之作"。它不仅是一部歌剧，也是广州这座城市的精神和气质的展示。2018年5月6日，随着中国指挥大师汤沐海的指挥棒缓缓落下，连续三天的广州大剧院首部原创歌剧《马可·波罗》全球首演，在广州画下了圆满句号。八年前的同一天，外国指挥大师洛林·马泽尔执棒指挥的歌剧《图兰朵》，为广州大剧院首届艺术节开启大幕。

八年间，从全新制作《图兰朵》到原创自制《马可·波罗》，广州大剧院对歌剧创作进行了日积月累的学习和研究。历经三年的辛苦筹备，歌剧《马可·波罗》带着恢宏的史诗性、强烈的戏剧性、鲜明的形象性出现在众人的眼前。它云集了世界顶尖制作班底，为中外合作制作歌剧建立了新模式。

汉字、书法、条幅、墨染、印章……这些中国传统文化符号化的载体，被中西方艺术家们高度提炼，通过多媒体技术的运用，展现在歌剧

《马可·波罗》中，展示出歌剧独有的现场效果，显示出中国文化的神韵和气质。

美国最古老的古典音乐杂志*Musical America*专门报道了这一文化盛宴，英国《金融时报》更是对《马可·波罗》给出了四星好评。能拿到《金融时报》四星好评的中国原创歌剧并不多，之前只有国家大剧院的《骆驼祥子》和北京人民艺术剧院的《大将军寇流兰》获此殊荣。

相比之下，广州大剧院创作的这部歌剧更有亮点：其突破国际表达，用国际制作演绎中国故事，把多元文化碰撞和交汇在一部中国原创歌剧里，这是中国歌剧史上伟大的创举。

这是一部歌剧与一座城市进行的独特的对话。它不仅述说了一方舞台上的伟大突破、戏剧文化复兴后的创新，还表达了一个城市的历史精神和时代愿望，以及它们各自所秉持的那种兼容并蓄、包容多元的情怀和信念，并最终为来自不同城市的人们所接受和认同。

《南风窗》记者专访《马可·波罗》导演卡斯帕·霍尔滕时，他说："歌剧是一面镜子，我们通过这面镜子照见的不是当时人类灵魂的形态，而是歌剧给现今观众带来的内心深处的反思和震撼。"

用我的思维方式讲述一个中国故事

南风窗：是什么吸引了您参与创作《马可·波罗》这部作品？《马可·波罗游记》使当年的欧洲初步了解了中国。当您今天导演歌剧《马可·波罗》时，您对中国的印象如何？

卡斯帕·霍尔滕：在《马可·波罗》这部歌剧中，作曲家恩约特·施耐德提供了丰富多彩的管弦乐编曲和卓尔不群的声乐写作，再现了编剧韦锦笔下中国朝代更替的风起云涌。布鲁诺·博艾特的灯光设计为舞台打造了一个天衣无缝的视觉效果。服装设计师艾玛·瑞欧特把来自威尼斯、中国和蒙古的服装风格和谐地融合在一起。这里有欧洲的歌手，有中国的艺术家，我们在一起工作，每个人都能够从音乐中获得能量。

对我个人来说，中文很吸引人，但也很难。我不是一个中文大师，所以很多情况下需要找一个帮手帮助我与团队联系和沟通。这是一个全新的地方和记忆。

广州歌剧院历经三年辛苦筹备《马可·波罗》的这个举动，是勇敢的、睿智的。它对歌剧推广的探索，具有重要的示范意义，这背后隐含的是，像这类的高雅艺术作品能否走出一条市场化和品牌化的道路，搭建起城市独特的文化空间。我认为这样的探索很有价值，并且带来了意想不到的效果。

中国拥有一个快速发展的歌剧传统市场，中国的观众很快就能走进剧场，共享歌剧的魅力。我要用我的思维方式讲述一个中国故事，就必须理解中国观众的传统思维，并在两者之间找到平衡，这是一个令人着迷的挑战。尽管挑战不小，但这部中西文化结合，同时建立于广州特殊城市气质之上的《马可·波罗》，每一个细节都很动人。

信息化时代，更需要真情实感的回归

南风窗：我得知您曾经担任伦敦科文特花园皇家歌剧院歌剧总监，在伦敦浸润文化领域多年，如今歌剧在欧洲的发展如何?

卡斯帕·霍尔滕：在欧洲，政府资助艺术是具有挑战的。西欧政府对文化的资助一直在下降，而制作歌剧的成本高昂，几乎每一个歌剧院都在想方设法寻找出路。我敢肯定的是，在广州，也有许多值得政府分散注意力的事情，比如举办美术比赛、规划美食餐厅、关注在线旅行等。因此剧院都在探索如何冲破壁垒，找到新的制作方式，例如与其他歌剧院进行联合制作，从而带来创新性的投入，减少成本支出。

虽然“唱衰歌剧”的观点已经很普遍了，但我不会就此退缩，因为歌剧是一个很独特的东西。回到几千年前，无论是中国传统戏剧，还是欧洲、希腊戏剧，人们已经开始用音乐和情感讲述故事。今天，在信息化时代，人们比以往任何时候都更需要这样的真情实感的回归。

流行的宿命就是稍纵即逝，相比而言，经典的歌剧永远不会过时，同时更为我们开启新的视角。至于低谷之谈，歌剧本身就是一切问题的答案。每个人都应该勇敢地进入剧场看一次歌剧，那可能是改变你一辈子的一个晚上。

南风窗：您认为，歌剧等舞台艺术的繁盛对一座城市有什么样的影响?

卡斯帕·霍尔滕：我认为艺术和文化两个层面在现代城市中都是极其重要的。首先，它们是城市之间的竞争元素，就像吸引具有丰富且不同文化背景的年轻人来广州，在他们之中，有的来自金融领域，有的来自科技领域，他们想知道这个城市会提供什么样的文化生活，什么样的精神面貌，这会影响他们将和什么样的同伴一起工作。

投资文化显然是必需的。文化可以引导创新，赋予创造力。今天任何一个企业都需要创造力，以及不断迸发新的想法，而艺术家一直在这方面发挥着主导作用。所以，城市的繁荣得益于不同领域的艺术家不断发散思维，做创造性的工作。

当代人生活在一个一切都与数字、金钱有关的世界。金钱固然重要，但它也很容易让人迷失。

我们在乎爱，害怕失去。所以我们要弄清楚，自己为什么活着？什么对自己最重要？我总是在说，我最愿意花时间做的事，才是真正值得的。

（何子维）

花，文化意象里的广州气质

/专家简介/

李少威，南风窗副主编、南风窗传媒智库高级研究员。

/导 读/

广州，不仅是为人们所熟悉的羊城，还有着另一个美丽的名字：花城。广州人爱花，花也深刻影响着生活在这片土地上的人。花之于广州，不仅提供着审美体验，也孕育着城市精神，塑造着城市的品格与文化。

在南风窗副主编、南风窗传媒智库高级研究员李少威看来，花揭示着广州城市性格中最宝贵的精神——平等、开放、包容。这种精神虽传承自古代朴素的东方自然主义哲学与边陲性格，但在现代性发展过程中日渐成为了一种世界性的中心文化，并顺利地与现代世界对接，完成了从传统到现代的蜕变。

花是一种最具普遍性的审美

南风窗：花在中国文化中有别样的意义，不仅具有审美价值，也常被赋予各种人文含义。在你看来，花是如何与中国人的精神生活发生关联的?

李少威：这是一种普遍性的审美标志，几乎人人都喜欢花，至少我们知道，自有文明以来，中国人都爱花。

屈原爱兰，陶渊明嗜菊，武则天纠结于牡丹，周敦颐钟情于莲花，还有“梅兰竹菊”自明代黄凤池开始成为“四君子”，都是花与中国人的精神生活紧密相连的例子。

李笠翁系统阐释中国文化阶层审美情趣的《闲情偶记》也对花的地位非常强调，比如其中说到，“牡丹得王于群花”，历代士人偏爱“梅兰竹菊”，也是因为在价值上赋予了它们更“高级”的地位，用它们来隐喻人格理想。

《闲情偶记》中，专开“种植部”，解释各种花的人文含义和欣赏方法；龚自珍的《病梅馆记》，尽管是隐喻时弊，但也客观展示了花在人们生活中占据的分量。“柴米油盐酱醋茶，琴棋书画诗酒花”，这一传统中国人用来概括人生的物质、精神生活要素的名句，把花作为一个不可或缺的部分，就可见对花的喜爱之普遍。

南风窗：很多城市都会选择一种市花作为城市的象征和代表，我们知道广州不仅有自己的市花——木棉花，广州也叫花城，这是为什么？它与花之间有着怎样的联系？

李少威：花是一种世界语言，是人类对爱与美的共同表达方式。作为一种情意表达的载体，其普遍性甚至超过阿拉伯数字，因为它不依赖任何教育基础，连初生的婴儿都能凭借本能感受到花的美。故而一个国家、一座城市，往往会选择一种花作为自身的代表。

广州被称作花城有自然和人文两方面原因。自然方面，是广州的地理位置带来的气候条件，让这座城市四季有花。中国幅员广阔，在纬度较高的城市，花往往只有在春天才可见，所以人们对花的喜爱，某种程度上与其季节性出现造成的时效有关。而花在广州没有时效，广州人的爱花，不是因为花的稀缺。

根据诸多文献描述，古时的广州，鲜花就已极目皆是。西汉时陆贾出使南越，就看到岭南人爱种花、插花、戴花，屋前屋后、厅堂内外都遍植花草，到处都是“彩缕穿花”之人。唐代诗人孟郊描绘广州，也写到“海花蛮草延冬有，行处无家不满园”。无论古今，花对广州人而言都是一种非常易得的景观。正因为其易得，而人们依然热爱它，才显示出这种热爱真正源自内心。

今天你在任何时候来到广州，都能看到有花在街头巷尾盛放，最近几年，随着城市环境进一步美化，每年都有10万株鲜花被种植在各个城市角落。

人文方面的特点与自然特点息息相关——因为花的种类繁多且四时可见，广州的花没有“等级制”。

自然造化和人文历史共同作用，赋予了广州一个几近先天、不可复制的特质——“花城”。不是某种花，而是所有花，一同代表这座城市的人文精神。

南风窗：花有千万种，每个人都有最喜欢的一种或几种，在广州，从集体偏好角度来说，有没有哪一种或几种花是人们最推崇的?

李少威：很难说哪种花是广州人最喜欢的，因为在广州各种花卉都被一视同仁，但凡能进入生活的花种，都是美好的象征。

历史上是有的，自南汉到清代，“耶悉茗”是花城的主角，此花因为被南汉王刘张的平民王妃素馨所钟爱，后来就改名“素馨花”，千百年里广州人对素馨花情有独钟。但要注意，人们喜欢素馨花不是因为它尊贵，而是因为它平凡。它易种易得，来自海外，但没有“南橘北枳”的娇气，反而有一种平民气质。

如今每到春节，花市开张，各种鲜花琳琅满目，但每一种都被赋予希望的寓意，价格有别只是市场因素作用，而不是因为人们给某些花种贴上了贵贱的身份标签。

花在广州作为一种再普遍不过的生活语言，揭示着城市性格中最宝贵的一点——爱与美为大众所分享的平等精神，这就是花的“广州性”。

花所代表的平等精神

南风窗：这么说，广州城市性格中的平等精神在某种意义上是通过花得到表达与彰显的。

李少威：对，法国著名画家和旅行家奥古斯特·博尔热的感想可以帮我们证明这一点。奥古斯特·博尔热在1938年抵达广州，让他感动的景象就是广州人对花的热爱。

他在《奥古斯特·博尔热的广州散记》中写道："即便是社会最底层的疍民，水上的简陋住处在船尾都有一个凸出的平台，上面摆着几盆花……这儿的人们生活习惯中充满了诗意，人们总是用鲜花来装饰他们的住处，无论他们的住处有多简陋……对鲜花的喜爱让我认为，当地居民都有良好的道德观和幸福的家庭。我认为任何不偏的道德都应该有一个客观、纯粹的灵魂，这样才能使每天的生活充满诗意。"

这种"不偏的道德"和"客观、纯粹的灵魂"指的是什么？细细品味就能发现，最重要的正是平等精神。就此而言，作为法国人的博尔热无疑是有敏感的基因的——这正是启蒙运动和法国大革命所宣扬的价值之一。

80年后，2018年广州的花城推广第一站选择了巴黎，也是一种冥冥中的缘分。

南风窗：广州城所具有的平等精神和法国大革命所开启的现代意义上的平等内涵相同吗?

李少威：并不完全相同。花城传统中的平等精神其实是来自中国古代的自然主义哲学，是广州在漫长的社会融合、发展过程中自然生长出来的一种朴素性格，并和这座城市的开放包容彼此加强。

自然主义的代表者道家，强调尊重规律，少加干涉，这与作为主流思想的后世儒家对政治教化、尊卑秩序的强调大异其趣。岭南远离古代政治文化中心，向有“远儒”传统，人们对权威的迷信比较薄弱，这在传统中国，其实是一种边陲性格。

我们也可以追溯它的政治源头。赵佗统一岭南后，实行“和揖百越”“汉越一家”的融合政策，要求所有中原来的官兵都要尊重越人。他自己还自称为“蛮夷大长老”，并作越人打扮。他提倡汉越通婚，带头把女儿嫁给越人，并且在政治上为越人开辟拜相将兵的通道，因此把赵佗视为中国族群平等和融合的先驱人物也不为过。

此后历代，直到今天，岭南都是北人迁徙的目的地，族群融合的使命从未过时，一直具有实践基础。能够平等尊重不同的族群，自然有包容和开放的胸怀，这也是岭南经济特性在文化上的体现。

南风窗：广州商业的繁荣在相当程度上是不是与这种平等精神与开放包容分不开?

李少威：西汉以来广州就是中国对外贸易重镇，此后2000余年长盛不衰，可以说是唯一一个没有中断过外贸史的中国城市，各种肤色和语言的客商云聚雨集。清代最闭塞之时，广州也是唯一通商口岸；而中华人民共和国成立后，广交会仍然年年不辍。

如果一座城市没有起码的平等精神，贸易的繁荣是不可想象的。改革开放40年，广州一直保持对外部人口的强大吸引力，一方面固然是市场机会使然，另一方面，对外来者的尊重、不歧视、不排斥也是一个重要原因。

我前面曾说过，岭南远离古代政治文化中心，向有“远儒”传统，人们对权威的迷信比较薄弱，这在传统中国，其实是一种边陲性格。

但边陲性格也非常多元，北方草原冷兵器时代的尚武与强悍是一种，西南山区环境封闭的“夜郎自大”是一种，岭南海滨富于好奇心的开放、包容、平等又是另一种。

广州的幸运是，富于好奇心的开放、包容、平等的边陲性格，在现代性发展过程中日渐成为了一种世界性的中心文化，从而让“花城”所代表的平等精神，可以顺利地与现代世界对接，完成从传统到现代的蜕变。

在广州生活的人不容易异化

南风窗：花赋予广州的城市面貌与市民生活以极具美感的景观和体验，不过快速的工业化使效率至上成为普遍信条，人们想悠闲地赏景看花似乎越来越难了。

李少威：这是今天的城市生活带给我们的最大挑战。

很多人都读过一篇民国时期的经典小文章，里面说“三只牛吃草，一只羊也吃草，一只羊不吃草，它看着花”。在这篇小文章诞生的时代，中国的工业化还处在萌芽时期，中国还主要是一个农业社会。所以这只羊“看花”，反映的是人类文明的成熟过程中，人们在物质追求之外对于心灵观照的需求。

改革开放以来，快速的工业化带来了生产效率，从而让生活越来越富足，人们对“看花”的需要程度也在与日俱增。

客观地说，改革开放40年的历史，是围绕着城市而展开的。城市变得日益现代化、日益庞大的同时，人的异化也在相应加剧。这几乎是一个难以逃脱的规律。马克思、涂尔干、弗洛姆、梅奥等学术大家，对都市人的异化问题作了深刻的研究和阐述。正是人的异化，让“看花”成为城市温度的一个象征性动作。

每个人都有生活理想，所有真正清醒的生活理想都有一个共性，那就是希望从无法停歇的物质追求中解放出来，“看一看花”，让“人成为人本身”，而不是某种被物欲所驱动的机器。然而，工业社会的特性决定了只有少部分人能实现这一理想，因为人们不能不“吃草”，不能饿着肚子“看花”。

巴黎的浪漫、维也纳的音乐、丽江的小资、大理的风月会成为鲜明的地域性格，正是因为人类“看花”的时间随着社会进步反而变得越来越稀缺，反而变成了一种必须有意去追逐的东西。

南风窗：正如前面所说，花之于广州不仅提供着审美体验，也孕育着城市精神，塑造着它的品格与文化，那么一座具有良好的公共空间、审美体验与文化品格的城市对于生活在城市中的个人的意义何在?

李少威：物质越发展，人们就越不容易感受美，因为心灵的功能往往被头脑理性屏蔽了。因此生活在怎样的一个城市，就变得非常重要。具体一点说，一座城市如果本身具有温度，那么它的氛围就可以时刻给予身处其中的人们以意义感和精神上的慰藉，即便他们没有时间专程去享受一出《胡桃夹子》，也能被环境自然熏化。

而一座城市的温度，则取决于它有没有深厚的市井文化。“深厚”指的是群众基础，是对某种生活样式的强烈的共同体意识。比如广州的花城文化所包含的意义——热爱生活，注重细节，偏好心灵体验，人与人之间的善意、包容与平等，这正是围绕着花而形成的共同体意识。一座城市如果能够在生活样式上构筑强烈的群体认同，就可以一定程度上对冲工业世界给人的精神带来的压抑，让人在城市空间里随时可以回到自我，而不是像弗洛姆所说的那样，“人和自己失联”。

花象征着广州这座城市的温润、平和，但另一方面，这座城市在思想上也一直走在犀利的前沿，这是不可忽视的，也是被广泛承认的。

广州在制度、观念上的创造性和媒体文化上的锐利度，在改革开放以来一直是中国的高地，而城市的治理者向来认同思想革新的价值，鼓励之，并且身体力行，这是保持市井文化活性的必要条件。

（董可馨）

广州文化是如何“跳跃式进化”的

专家简介

李少威，南风窗副主编、南风窗传媒智库高级研究员。

导读

广州由于历史的独特性，人们受单一思想支配的经验很少，包袱很轻，故而形成了“跳跃式进化”的机能。这种独特的广州气质，正是孕育更多创新和变革需要的文化土壤。

一般情况下，社会创新与变革面临的最大难题是新思想与旧观念之间的斗争，革新者必须经过漫长努力的积累才能渐进式地摧毁旧观念对人心的统治，正如生物学说的渐进式进化一样。

而广州由于历史的独特性，人们受单一思想支配的经验很少，包袱很轻，故而形成了“跳跃式进化”的机能。这种独特的广州气质，正是孕育更多创新和变革需要的文化土壤。看到了这一特点，才能串连起这座城市文化进步的过去、现在和未来。

对此，记者采访了南风窗副主编、南风窗传媒智库高级研究员李少威，来谈谈广州的文化特质从何而来，又是如何引领广州的城市发展。

广州文化特质的由来

南风窗：广州一直是一座开放的都市，在中国历史上，从上古、中古到近现代，都有很独特的位置，这很大程度上来自于文化气质上的独特性。今天我们应该怎样看待广州的整体文化特质?

李少威：各界对广州的文化特质，议论不可谓不多。两种对立性的观点很具有代表性：一种认为，广州具有深厚的历史文化底蕴，独特的地理环境催生了不可复制的社会性格，自由、开放、包容、务实四个词语便可将广州人囊括其中；而另一种认为，广州与中国历史大多数时间里的政治文化中心距离遥远，更注重物质而较少观照心灵，基本上是一个“文化沙漠”。

后一种观点，逻辑前提可以讨论，但在结论上不值一驳。香港、上海都曾被称为“文化沙漠”，它来自外界的情绪性贬低，或者内部对陌生环境的艳遇式憧憬，不在理性范围之内。至于前一种观点，它尽管正确，但链条太短，其实只涉及论据层面，而未对“文化特质”做出判断，再深入一步就可以抵达——因为自由、开放、包容、务实这些文化基质，广州在文化上具有“跳跃式进化”的特点。

南风窗：在您看来，自由、开放、包容、务实这些文化基质的形成，是否源于广州独特的地域环境？又是如何随着广州的城市发展而形成的？

李少威：自由、开放、包容、务实，基本可以概括广州的文化基质，而这些基质的形成总体上服从地理环境决定论。先说自由。胡适曾做过一次演讲，题目是《中国文化里的自由传统》，他在其中说道：“秦朝统一以后，思想一尊，因为自由受到限制，追求自由的人处于这‘无所逃于天地之间’的环境中，要想自由实在困难，而依然有人在万难中不断追求。”此话不假，但广州却并非“无所逃于天地之间”。南岭横亘于北部，导致岭南与中原之间交流艰难，儒家自西汉以来“思想一尊”，却对岭南影响较弱。作为岭南中心的广州，因此素有“远儒”传统，人们不受单一思想桎梏。

开放也与地理环境息息相关。正因与内陆交通困难，人们只能将目光投向海外，形成了对外贸易优势。汉代，广州是丝绸之路起点；唐代，广州已是世界著名商埠，与50多个国家有经济文化往来；宋时，广州成为中国海外贸易第一大港；到了元代，广州已与140多个国家有贸易关系；清朝闭关锁国时期，广州依然是唯一对外开放的港口；中华人民共和国建立后世界两大阵营对立，中央仍然在1957年把第一届广交会放在广州，至今已有60年历史。

包容则是开放的逻辑产物，可从内、外两个维度打量。内部维度是北人南迁，秦始皇遣50万人征伐岭南，作为副将的赵佗和主将任嚣进入广州，汉人与土著的百越民族开始了交融历史。秦亡之后赵佗割据岭南，自称南越王，努力稳定族群关系。此后客家人历次南迁，以及贬官、罪囚南来，形成岭南的“天涯沦落人杂处之所”的地位。外部维度则是对外开放，六朝时期就有外国僧侣到广州传教、建寺；唐朝国力强盛，广州更成为外国使节、商旅集中登陆地点，今天光塔路一带的“蕃坊”，曾居住着12万外国商人及其家属；宋代及以后，“万国衣冠，络绎不绝”。对于这样一个容纳内部不同地域和民族百姓、外部不同国籍身份客商的城市而言，包容几乎是唯一出路，无可选择。学者考据认为，粤语（广州话）就是北方古汉语与百越土著语交汇的产物。人人皆知广州人爱花，从文化人类学角度看，花其实是语言不通的异质人群之间简化交流、表达善意的符号。

最后，务实其实全然是商人的特质，不尚空谈，注重实惠，是2000年的商贸历史里经济理性长期积淀并影响社会文化的结果。

历史文化名城的“跳跃式进化”

南风窗：城市文化对城市发展具有强大的推动力，在一定程度上决定了城市的发展方向与发展模式。广州是如何在其文化特质的引领下形成独特的发展形式的呢?

李少威：前面说到的那些文化基质一起发生作用，就形成了广州长于“跳跃式进化”的地域文化特质：作为一座具有2000多年历史的文化名城，广州是海上丝绸之路发祥地、中国民主革命策源地、全国改革开放前沿地、岭南文化的中心地。

一个明显的现象是，广州历史上出现的状元、高官、大儒都不多，这与其自由基质里的“远儒”传统有关。而在封建时代接近尾声，千年未有之大变局出现时，革命家、革命性的思想家就风起云涌，洪秀全、洪仁玕、孙中山、康有为、梁启超、黄遵宪、郑观应以及许多同盟会元老，均从这里走出。儒家思想重农抑商，这对于人多地少的广州而言就是一个特殊环境，于是催动了它在封建机体内的跳跃式进化，形成并坚持重商传统。甚至敢于“本末倒置”，用商业逻辑发展农业生产，比如在明代，广州的商品性农业就非常蓬勃。

如果单就文化发展论文化特质，粤剧和岭南画派的发展也是跳跃式进化的产物。

粤剧前身是广府戏，本来并不用粤语演唱，而是使用中原音韵，从明朝万历年间开始，在广东活跃数百年。清末，同盟会的陈少白偶然生出用广府戏宣传革命思想的念头，组建了新的戏班。为了让老百姓更容易听懂，与知名广府戏艺人一道，将演唱语言改为粤语。传统戏剧出现如此根本性变化，竟也大受欢迎，并迅速形成新的表演体系和社会基础。以其他剧种为参照系，粤剧急速变革竟未遭受社会阻力的现象，就显得特别另类。在电影《霸王别姬》中，袁四爷一直逼问段小楼“霸王应该走几步”“七步还是五步”，极端显示出传统戏剧变革的举步维艰。

再说岭南画派，它与粤剧、广东音乐合称“岭南三秀”，其诞生本身就是跳跃式进化的产物。第一代大师高剑父、高奇峰、陈树人等在广州创立岭南画派之时，被称为“折衷派”，中庸的名称似乎与“突破”

无关。事实上岭南画派却是革命性的，正是响应民主革命时代潮流，用西方技法改造中国传统水墨画的结果，一经创立就成为极具影响力的艺术风潮。

南风窗：改革开放后，广州的快速发展固然有临近港澳的地理优势因素，但这一以贯之的文化特质，是否也发挥了不可忽视的作用呢?

李少威：当然，几个例子可以来说明这一点。1978年，广州芳村率先放开河鲜、蔬菜、塘鱼价格，最初塘鱼价格猛涨了四五倍，吸引外地产品流向广州，引得意见纷纷，其他地方甚至向中央“告状”。广州没有动摇，坚持改革，价格信号促使农民增加塘鱼养殖，很快价格回跌。三年后，在全国18个大中城市中，广州的鱼最便宜。这一突破树立了广州改革信心，1983年广州全面铺开物价改革，最终带动了全国跟进。广州不在经济特区之列，1984年率先成立开发区管理委员会，开发区政策相当于特区，成为全国开发区的先行者。

而当社会前行至互联网普及，这一无垠的平台成为创新创业新天地的时代，人们同样感受到了广州这一文化特质的强韧存在，感受到它持续地为每一个群体赋能的能力。对于新生事物，广州人有一种与生俱来的好感，相信不经意的一刻它就可能迎来蝶变。中国人已经须臾不能离开的微信，就在这里诞生、壮大，并拥抱世界；而当Uber进入中国之后，它惊喜地发现广州迅速成为了它在全球订单量第一的城市。

文化创新助力文化产业的勃兴

南风窗：文化作为一种软实力，需要与经济相结合才能发挥出其最大的价值与能量。其中重要的一种方式，是在文化特质的基础上，发展独特的文化产业。广州的文化特质，是如何助力形成具有地方特色的文化产业的呢?

李少威: 所谓文化，最重要的是活在人心、流动于人的血液中的信念传承，“跳跃式进化”正是广州最古老、最本质却又最具生命力的部分。在此特质作用下，广州在20世纪90年代诞生了全国第一家报业集团——广州日报报业集团，也产生了制度性监督的“广州现象”。

进入21世纪，电子阅读逐渐挤占传统纸质出版物的份额，加之网络邮购渐成习惯，过去重要的文化传播载体——实体书店面临生存危机。2011年，一家名为“方所”的综合性公共文化空间在广州诞生，在传统书店因为成本原因纷纷撤离繁华地段的时候，方所却选择了广州最繁华的位置之一——太古汇，高调开张。几年时间里，方所开到了成都、重庆、青岛，这一集书店、生活美学、咖啡、展览空间与服饰时尚于一体但把最多的空间配置给图书的知识空间，每到一地都成为城市的人文地标，成为生活的一部分。在行业颓势下突围而出，方所成了一个例外。过去一年，方所广州店吸引了200多万人次客流，全国四家店一共吸引700多万人次。

“温暖是任何时代都需要的”，广州人为此大胆创造了一种新的文化共享形态。过去数年间，中国音乐金钟奖、中国（广州）国际纪录片节、广州国际艺术博览会、中国国际漫画节等一批文化盛会相继落户广州，向人们展示着这座城市的文化创新和引领能力。

2014年，美国《今日美国报》与英国《每日电讯报》分别将广州大剧院选入“世界十佳歌剧院”和“世界十二座最壮观的剧院”。获此殊荣，广州大剧院实至名归。自2000年创立伊始，中国对外文化集团就提出，要把广州大剧院打造成为与国家大剧院、上海大剧院鼎足而立的国家级大剧院。现在这一“小目标”早已实现，广州大剧院把目光放在了更大的未来。在更宏观的层面上，2016年初国务院将广州定位为“国家重要中心城市”，而广州自身也确定了建设“枢纽型网络城市”的战略。这要求广州除了继续提升经济、政治的辐射力之外，文化影响力也要同步跟进，相当于在“内功”上对广州提出了新的考验。

南风窗： 到今天，我们整个国家的发展已进入新时期，广州的发展也有不同于以往的定位与方向。在未来，“跳跃式进化”是否还会持续？

李少威： “跳跃式进化”在继续，这一次是要在更大的视域下，以广州为中心编织一张文化软实力的网络。如果说已经有一甲子历史的广交会是广州2000年商贸历史积淀在现代的集成，那么如今正在构筑的全球视野下的文化软实力体系，则是其在当代水到渠成的进化体。其他城市难以企及的贸易集散经验，被广州创造性地运用到文化领域，从而培育出一个“文化艺术广交会”集群。仅在2016年12月，广州就举办了第六届中国国际版权博览会、第二十一届广州国际艺术博览会、第二届广州国际文物博物馆版权交易博览会、2016中国（广州）国际纪录片节。在此之前，2016中国（广州）国际演艺交易会暨广州国际戏剧论坛、2016世界戏剧日亚洲传统戏剧论坛刚刚落下帷幕。

广州将来不会满足于成为一个文化艺术的世界性交易市场，它将沿着形而上的方向向更具魅力的文化高度漫溯。当代社会是一个相当复杂的共同体，不存在单一和纯粹的经济问题、政治问题、社会问题和文化问题，很多地方的很多问题之所以看上去无解，并不是理论失灵的结果，而是变革行动和文化基因之间发生了致命的断裂。“广州气质”的独特之处正在于，弥补了这一断裂，让这座城市发生的任何重大变革都能获得一种深厚的支撑。

纵览广州2000余年的城市发展史可以发现，擅长于而且执着于从商业、贸易、市场的逻辑上去改造经济、社会、文化生活，是“跳跃式进化”一以贯之的作用机制。人们所习惯的这一思考维度，给文明发展注入了最为简洁的秩序，有着一种物理学公式般的美感。这种最为简洁的秩序帮助这座城市积累社会资源，促进生活的雍容，深化人际的温情，加快知识的内化，推动变革的发生。

（魏含聿）

民谣先锋从广州出发

专家简介

李春波，中国城市民谣领军人物、词曲作家、导演。1993年凭借歌曲《小芳》及由中国唱片广州公司出版发行的同名专辑，获1993年度全国十大最受欢迎男歌手奖。1994年以歌曲《一封家书》获1994年度最受欢迎男歌手奖，并荣获金唱片奖和中国流行音乐“94风云人物奖”。此后淡出歌坛，进入北京电影学院进修导演专业，2002年推出了其所导演的电影处女作《女孩不哭》。

导 读

“谢谢你给我的爱，今生今世我不忘怀，谢谢你给我的温柔，伴我度过那个年代……”1993年，一曲《小芳》红遍大江南北。转眼20多载，当年抱着卡带录音机听歌的中学生，已经走上了各自的人生舞台，年代旧歌难敌潮流，昔时少年也再羞于高歌，但任何时刻旋律响起，这震撼过一代人的真挚感动便会立刻重返心头。作为大陆民谣战胜港台流行的第一代金曲，《小芳》成为一个时代的集体回忆。

广州给了一个机会

南风窗：李老师，很高兴有机会和您谈谈中国的流行文化，尤其是流行音乐。进入新世纪以来，“北漂”一直是一个代表着文化人的沧桑的名词，这是中国流行文化中心北移的结果。在20世纪90年代及以前，艺术家、文化人主要集中在南方，尤其是广州，那时应该叫“南漂”。

李春波：对，我的感受差不多。刚毕业的时候，我漂在广州，就是你说的“南漂”。当时我在友谊沙龙的夜总会里弹琴，每天两个小时。这个沙龙就在广州火车站附近的宾馆里，归文化厅管理。为了工作方便，我就住宾馆后院的小宿舍。沙龙里面热闹，沙龙外边也热闹，左边是火车站，右边是广交会，但我基本上不会出那个院子。差不多有半年的时间，我只有两点一线的生活，很少跟外界接触，友谊宾馆的沙龙和中昌的夜市，就这两个地方。

有那么一段时间，我好像也是觉得自己没有融进去，跟现在很多“南漂”“北漂”的人一样，觉得这个城市不属于我，自己的根不在这里，有“漂”的感觉。但后来《小芳》唱片发行了之后，我在广州找到东家了，就觉得自己属于这里了，算是有了家的感觉。

南风窗：您的唱片《小芳》是1993年发行的，但其实在1992年7月份已经录制好，为什么没有立即发行呢?

李春波：实际上那一段时间，当地朋友都在帮我推荐唱片公司，推荐了好多，我一直在等消息，同时《小芳》这首歌也被推介到了好多电台。我签到中国唱片广州公司之后，《小芳》就发行了。这还是跟广州的社会文化风气开放有直接关系，是广州给了我机会。

南风窗：跟中国唱片广州公司签约出版发行《小芳》，是跟李广平、陈小奇他们接触的吗？但据您所说，之前这个唱片也到过其他的唱片公司，他们都没有发。李广平、陈小奇这两个人在您的事业的发展过程当中是不是挺重要的?

李春波：非常非常重要！怎么说呢，从《小芳》一直到《一封家书》，都感谢他们。我现在回想，觉得是因为李广平那时候年轻，所以具备某种敏感性。他以前没有接触过这一类的音乐，但他听过之后就能确定地说："这是好东西。"李广平那时候还不是什么领导，没有话语权，但他就敢为我立"军令状"。陈小奇当时在中国唱片广州公司的企划部，他也愿意帮助我，结果效果真的特别好。

南风窗：那是真不容易，当时还是有很多惜才的"伯乐"集中在广州的。他们为了对一种艺术审美的坚持，愿意冒风险、立"军令状"，这样的文化在今天的商业领域真的不多见了。

李春波：对。在那个时代，你要是有才能，就有人愿意发现你，来支持你，这是一种担当。但现在社会越来越往前发展，这种人好像越来越少了，各个层面都是一样。

南风窗：莫言在《红高粱》里面说过一句话，余占鳌这样的人以后就绝种了，大概就是这意思。

李春波：包括《一封家书》，我写完第一个是唱给李广平听的，就在广州友谊宾馆的宿舍。我写完就给他打电话，说新写了一首歌，你要是现在有时间就过来听听。他问什么歌，我说《一封家书》，他一听这名字就说马上过来，听完兴奋得不得了。现在的唱片公司对于新歌，总说模棱两可的话，尤其是大公司，哪怕好歌也会端着，说那我们研究研究，不会真实地表达自己的感受。但李广平什么人？所有人都说不好，没关系，只要他觉得好，他就要给你站台，什么时候他都鼓励你，即使没有大红大紫，他也会坚持说“这是好东西”。他就是立场很鲜明，真的很难得的。李广平即刻就帮我计划，说过两天正好有个活动要去中山大学，本来准备让我唱《小芳》的，现在改唱这个好了。

去中山大学那天，我感冒，发烧特别严重，大家全穿T恤的时候我穿一件厚皮夹克，我怕感冒发不了声，打退堂鼓啊。但李广平说，同学都很热情，都等着你呢，要不去的话他们就扫兴了。我说那行，结果唱了，效果特别好！唱一次同学们鼓掌，说不行，一定要再唱一遍，我唱了两遍。

总之说到他们，就要感谢。因为在当时，《一封家书》这首歌有很多正反两方面的评价，有人说这就一封信，不是歌，因为之前没有过这种形式的歌，但他们没有在乎这些，很包容我，后来这歌也真的火了。

南风窗：从《小芳》到《一封家书》，不仅是您个人的记忆，也是整个20世纪90年代的集体记忆。

李春波：我现在想起来，都特别怀念那个时候的那种音乐氛围、那种环境。出《小芳》的时候，第一次做节目，印象特别深。广东新闻台播了这首歌之后，广州电台、电视台这一帮人，包括梁永斌、周斌，就帮我到处推介。我开始频繁地上节目，市台到省台，后来出省，我发现自己火了还惊了一下，怎么出了广东也到处在唱《小芳》，这感觉更深刻了。

20世纪90年代的广州，流行音乐环境是真的特别好，因为当地的媒体朋友特别支持本土原创，不管是从广州当时的音乐环境，还是各种推介的排行榜都看得出来。而且广州的音乐人很团结，每个月都会搞好几次新歌推介会，大家聚到一块，一起展示新歌，你有什么新作品，大家互相唱一唱、听一听。那个年代，我觉得特别好。

在广州实现人生的“第一”

南风窗：您被誉为中国城市民谣的先锋，是中国改革开放之后民谣音乐最早的“旗手”。20世纪90年代，正是港台音乐统治流行音乐市场的阶段，民谣应该还属于比较边缘的状态，您当时选择做民谣，是自己有意识的选择吗?

李春波：这还真不是有意识的选择。可能就是以前的经历，包括在东北成长的经历、民族音乐的熏陶、自己的个人偏好，我就喜欢这种表达方式，我觉得这种方式是最适合我的。民谣最大的特性就是叙事性很强，每一首歌基本都有一个故事，这是自己的感受的真实记录。别人写漂亮的词句，我不追求那个，我觉得把歌词中的故事讲好了，把它和曲谱协调好了，这个就是我的好文章。在我个人来说，当时完全没有考虑要定位什么风格来出道，我就是想唱，没有想其他的，后来定位还是唱片公司的专业人员帮忙定的。我一看，恰恰是我最喜欢的，我喜欢的音乐风格、音乐元素都有，而且歌词表现上很亲近生活。这完全适合我，我喜欢这种表达方式。

南风窗：当年《小芳》横空出世之时，香港亚洲电视台派采访组“跟踪”您，因为他们不相信《小芳》在广州打败了所有的引进版歌曲，成为广州第一畅销带，对吗？我那个时候年纪比较小，上初中，在我的小县城里，大街小巷到处放这首歌。有一种评价说您是本土音乐脱离了港台音乐的里程碑式人物，不知道您自己是怎么看这个评价的?

李春波：港台音乐在当时是主流，我跟它们风格不一样，所以可能有点诧异，但其实是顺其自然的事情。就算没有《小芳》，也会有别的音乐，这是源于当时内地流行乐坛的迫切需求。

对我自己来说，因为我没梦想过以后当什么歌星，就是喜欢写点东西，把自己积攒的东西出一张专辑，就这么简单，就像你现在写完文章希望它印刷成铅字一样，很单纯，没有想太多。但是我后来想，可能出发点越是单纯，就会越真诚地去做这件事情。这是最珍贵的，有很多人过了一些年头以后，这种珍贵的东西就丢了、没有了，就是不真诚了，可能现在生活的各种诱惑太多了，不像我们原来那种状态了。原来的那个状态我觉得很多人已经保持不住了。

南风窗：原来那个状态是什么状态?很多音乐人早期还没有被大众认知的时候，其实是比较困顿的，包括现在“北漂”一族也一样存在这样的困境。您那个时候，“南漂”是什么情况?

李春波：没有人在成名前知道自己一定会大红大紫，所以我想，现在年轻的音乐人跟我们那个时候的境遇差不多，就是为生活奔波发愁，生活上确实没什么可说的。我们最初的起点都一样，喜欢音乐。所以就算现在小有所成了，也还是要说“不忘初心”。不管怎么样，起码现在条件肯定比以前好了，更有条件去做我们喜欢的音乐了，“不忘初心”这句话，对于我们来说，什么时候讲都不过时。

南风窗：您说的音乐人的初心，可能是有很多人走着走着异化了，变得追求物质了，忘了音乐本质上是一种精神追求了。

李春波：对，真的有很多人走偏了，原来的那种心态全变了。我觉得要真喜欢音乐的话是不应该这样的。只要我们还喜欢音乐，现在收听音乐的渠道更多了，可选择的多了，也便捷多了，环境这么好，我们这群人又经历了这么多年的积累，思想上、技能上，都成熟很多，就更应该好好做自己喜欢的音乐了。做音乐有的时候挺辛苦的，包括现在越写越难写了，但我还是觉得，有音乐可做对我来说是最幸福的。

现在写歌跟以前不一样，以前有感而发就写了，现在要经过很多天沉淀，会给特别好的朋友听，问他们怎么样，比以前修改得多得多，斟字酌句的程度也比以前多很多。我不爱用流行词汇，也不想完全迎合年轻人，现在的网络用词虽然会讨一些年轻的粉丝喜欢，但我很少用，因为中国的汉语里有太多很好的语言了。一首歌词就一百多个字，稍微上了点年纪就听不懂的歌词，我觉得没意思。

南风窗：我听您的歌时会看歌词，您的歌词和曲子都是自己写的，所以特别能反映艺术家的个性。我看到您一如既往地对社会、对人生有一种比较深沉的思考。在现在的走红歌曲中，我们很难发现真正认认真真去反映社会、困境、人生的歌曲了，但是您一直在坚持最开始的那种态度和风格，所以可能不是很迎合新生代的听众。

李春波：原来20世纪90年代写歌的时候，我也没有想到是针对某一个年龄段的人来写的。反而那些歌，我们同时代的年轻人喜欢，几岁小孩会听会唱，一些上了年纪的老人也喜欢。《小芳》火了，火成那样，我挺惊讶的，但说到底，到底是有感而发的东西，这才是最珍贵的。

到现在，当然，我不排斥年轻人，年轻人的传播力度、粉丝经济都很有效果，很好，我都不排斥，但是我也不完全迎合。现在的好多创作者，不讲创作，跟风的情况很多。我们作为创作者来讲，在这方面，不说引导他们，起码要让他们知道专业的音乐应该是什么样子的，或者是用心做音乐的人应该是什么样子的。

南风窗：您是怎么理解音乐的意义？这个问题说起来虚，但其实很重要，音乐到底有什么用?

李春波：现在人善于用经济衡量一切，但现在是做音乐最不赚钱的时候，比如知识产权盗版问题，很难赚钱。在这个时候我们还坚持做音乐，因为我们的初心就不是想赚钱。国家提倡美学教育，我认为，在美学教育里，音乐是最重要的一点，比绘画还要重要。音乐培养人的性格，听了多少歌，写多少首歌能记住，练坏了多少根琴弦，弹了多少把琴已经记不全，但这一切，都慢慢融入你的身体当中了，能排忧解难、净化心灵。真正喜欢音乐的人是善良的，不善良的人没办法长久地做音乐。

在新时代怎么面对生活

南风窗：您的歌里面有一以贯之的思考，有很强烈的底层关怀，比如说关注劳动者聚集的火车站，关注社会的精神归宿问题，讲述知青们两头飘零的故事，我的感受都很深。您曾经像歌词里说的那样，排队买过火车票是吗?

李春波：对啊，还经常买站票，站到哪儿算哪，站不住再补票。不是说我们多怀旧，不是怀旧，可能跟我们的成长有很大关系，我就是真的挺喜欢绿皮火车的。绿皮火车到什么地方停个几分钟，到站下去溜达溜达，当地的土特产可以买一点，吹哨就上车了，那东西还是真的，在别的地方买不到！现在高铁是提速了，但是没有过日子的感觉了，慢慢过，多好！

南风窗：对，其实技术的发展都是，把生活当中一些有血肉的东西取消了，认为细枝末节的东西不重要，这个车就是为了到达目的地，让你最快到达。

李春波：科技发达是好事，但有的时候太发达了，变成“灾难”了。

南风窗：当时的生活体验成了以后创作的源泉。那您本身是不是也对这种相对的底层的老百姓有比较深的感情？这种感情来自哪里？

李春波：说实话，我们本身就挺普通的，我们就是老百姓。我是唱了歌以后别人才管我叫歌星，但下了台以后还是老百姓。不要说现在日子过得比原来好点，就觉得自己不是老百姓了，不可能，我还是老百姓。现在这几年老是提倡文艺创作要接地气，如果你本身就在地气当中，就不必强调了，这反而说明现在的文艺创作脱离得太远了。可以创作的大众题材太多了，就是你有没有感受到而已，变得麻木了。

现在有几个搞音乐的自己去菜市场买菜？很少，一个是城市发展造成的，一个是技术发展造成的——送餐很便捷。真正过日子，你就要去菜场买菜，过日子你着什么急，慢慢过！创作也是这样的，不用特意去菜市场观察生活，天天买菜你还观察什么？我们本来就生活在这些事情当中，所以我们才写得出自己的歌，讲自己的故事和生活，这样的音乐自然就跟港台音乐不一样的。强调说接地气，那就是脱离地气太久了。

南风窗：时代变了，现在的流行文化受众会认为，太接地气就不够洋气，或者说不够酷了。

李春波：20世纪90年代的人认为港台音乐很洋气，大陆的音乐很土，我们那个时候说可以，现在不存在这个问题了。现在来说，你的土，反而会土得很洋气。我记得四川有一个歌手，用四川话创作了一首歌，你说怎么样？我就觉得很洋，因为他有他的特点。现在改革开放这么多年，再怎么洋气的我们都见过了，外国人还觉得我们中国很洋气呢，中国变化不得了，要勇于展现。时代变了，但也没变，展现生活本身，永远都很酷。

南风窗：刚才讲了两个时代的对比，您好像还有一些别的思考。比如说您在《问问天问问地》里，对这个时代音乐的一些商业的玩法，也提出了一些意见，包括超女、快男，对于这种完全不同的音乐人产生机制，您是不是有不同的态度？

李春波：我不排斥选秀节目，我只是不太赞成所有台全是那样，现在弄的音乐不是为了音乐，而是为了收视率。我觉得现在好多的创作者已经无法给自己的音乐做主，而是变成厂家和广告客户来决定，金主喜欢谁就找谁，谁能赚钱就找谁，做这个节目是为厂家做，不是为了音乐本身。

南风窗：还是初心。

李春波：对，忘了初心，味道就变了。好看的年轻人我也喜欢，但好看是好看，音乐是音乐，不是好看就能代替对音乐的审美要求。今天还特别流行跨界，我觉得很奇怪，本职工作还没做好，跨什么界？是很热闹，但光图热闹了。

南风窗：我们一讲起李春波，脑子里面肯定会浮现知青的形象，您在太多歌里面阐述过知青的生活和感情了，这些感情来自当过知青的哥哥姐姐吗？

李春波：对。一个是哥哥姐姐，一个是知青的人情冷暖。当时我们院子里的知青家庭都相互熟悉，姐姐一个班里40个人全去了，不管谁下乡回来，都轮流把同班的40个家庭走一遍，送口信一样地告知你们家孩子现在怎么样了，走的时候再轮流走一遍，背上40个人的东西再下乡去。我对这些印象很深刻，觉得知青们太好了。但后来我长大了发现事情不只是我小时候看到的那样，我的哥哥姐姐们，他们那一代知青，去插队的毅力和忍耐力，不是我可以比拟的。

南风窗：您感受到的知青生活的细腻温情，他们的处境和个人的耐力、勇气，确实很有特定年代的震撼力。同时我也能感受到，您对当时社会的人情味有一种比较强的依恋，对吗?

李春波：对的，就像我写《姐姐》。实际姐姐这个身份真的是挺特殊的，我在想，父母可能陪你人生的前半生，后半生陪不了你，后半生可能就是你的爱人来陪你，但是唯独姐姐可以陪你一生，她是很特殊的一个人。

南风窗：您谈火车、菜市场、潮流、选秀，包括对姐姐的认识，我总结一下，其实您的歌在语言上很直白，但是里面的感情很深很真挚，这是与当时的人生被很多温情包围有关。

时代发展、社会进步，很多关系都变味了，矛盾也出来了，但对生活的感知，音乐创作的有感而发，依旧是珍贵的，不变的。谈了这么多之后就比较能理解您的歌了。

（何　焰）

后记

本书是《广州改革开放四十年》丛书中的一本，南风窗传媒智库很荣幸有机会参与，这也算是我们送给广州改革开放40周年的一份小小的礼物。

南风窗传媒智库有机会参与这样的计划也不是偶然的。自2015年南风窗创刊30周年之际，南风窗传媒智库就成为南风窗全媒体转型的一个重要平台。我们立足广州、放眼全国，积极探索全媒体时代杂志发展的新出路，已经取得了一定的成绩，归结起来就是要为党政机构和企业发展提供独立的智力支持和服务。

立足广州和放眼全国是一个有机整体。南风窗的办刊需要全国甚至是世界眼光，这是南风窗如基因般的传统，也是南风窗的一大优势。转化到智库运营，就是在提供智力支持和服务上，我们善于从国家战略、政经趋势和世界格局的演变中来考虑问题。这也体现在为广州党政和社会各界的智力支持和服务的过程之中，形成了南风窗传媒智库的独特优势。

同时，立足广州这个改革开放最早的门户之一，让我们的智力支持和服务更接地气。在对广州的报道和研究过程中，我们对广州在城市发展战略、开放与创新、降低实体经济成本、老区微改造、花城文化、国际交往、商贸基因的传承等方面的经验进行了总结和提炼，在全国改革开放背景下刻画出了一座国际化大都市的成长“活历史”。可以说，从广州看到的中国是一个更加精彩的中国；从中国看到的广州是一个更不一样的广州。

在接到本书编写任务之后，南风窗传媒智库集中骨干力量，按照“立足广州、放眼全国”的要求，充分发挥智库的权威专家资源雄厚的优势，精心设计框架、选择采访人选和专访问题，最终形成了读者朋友们现在看到的成果。

需要补充的一点是，通过本书这些系列对话可以看出，在广州这样一座国际化大都市的成长过程中，值得总结的绝不限于经济方面——虽然这是非常重要的，还包含了社会包容度、公共治理、文化觉醒等更加丰富的内容。这正如一座国际化大都市的成长，绝对不是仅仅有企业和经济项目就够了，还需要形成自己的独特气质。在本书对广州的叙述中，相信你可以体会到这种独特气质，从而对“开放带来进步”这个命题有更深的感受。

最后，文责当然自负，也诚恳期盼读者朋友们不吝提出批评意见，期盼南风窗传媒智库和社会各界有更加密切的合作。

广州的明天会更好，中国的明天会更好。

南风窗传媒智库《大国之城的时代使命》编委会